ENTRAÎNEMENT DE DIRIGEANTS RADICAUX

Un manuel de formation de dirigeants en petits groupes et des églises de maison pour diriger des mouvements d'implantation d'églises

Entraînement De Dirigeants Radicaux

Un manuel pour aider à former des leaders en petits groupes et des églises de maison pour diriger des mouvements d'implantation d'églises

Par Daniel B. Lancaster, Ph.D.

Publié Par: T4T presse

Première Impression: 2013

Tous droits réservés. Aucune partie de ce livre ne peut être reproduite ou transmise sous quelque forme ou par quelque moyen, électronique ou mécanique, y compris la photocopie, enregistrement ou tout système de stockage de l'information et système de récupération, sans la permission écrite de l'auteur, à l'exception de l'inclusion de courtes citations dans un examen.

Droit d'auteur 2013 par Daniel B. Lancaster

ISBN 978-1-938920-52-3 imprimé

Toutes les citations bibliques, sauf indication contraire, sont de la Sainte Bible, New International Version ®, SEG ® Copyright © 1973, 1978, 1984 par l'International Bible Society. Utilisé avec la permission de Zondervan. Tous droits réservés.

Citations dans (NLT) sont de la Sainte Bible, Bible du Semeur, Copyright © 1996, 2004. Utilisé avec la permission de Tyndale House Publishers, Inc, Wheaton, Illinois, 60189. Tous droits réservés.

Citations dans (Segond) sont de la New American Standard Bible ®, Copyright © 1960, 1962, 1963, 1968, 1971, 1972, 1973, 1975, 1977, 1995 par La Fondation Lockman. Tous droits réservés.

Citations dans (HCSB) sont de la Bible chrétienne Holman Standard ® Copyright © 1999, 2000, 2002, 2003 par les éditions bibliques Holman. Tous droits réservés.

Citations Écritures marqués (CEV) sont de la version anglaise du droit d'auteur contemporain © 1995 par American Bible Société. Utilisé avec la permission.

Library of Congress Cataloging-in-Publication des données

Contents

Avant-Propos 7
Remerciements 9
Préface 11

Partie 1: Écrous et Boulons

La Stratégie de Jésus 17
Formation De Dirigeants 20
Principes d'entraînement 25

Partie 2: Formation de Direction

Bienvenue 31
Entraînez Vous Comme Jésus 45
Dirige Comme Jésus 58
Devenez Fort 73
Plus Forts Ensemble 87
Partagez l'Évangile 100
Faites des Disciples 117
Commencez des Groupes 134
Multipliez vos Groupes 151
Suivez Jésus 169

Partie 3: Ressources

Plus D'information	183
Annexe A	184
Annexe B	197
Annexe C	199
Annexe D	201

En Mémoire de Tom

Avant-Propos

Être un ministère d'église plus efficace est un défi constant. Ceux qui sont impliqués dans le service de Jésus savent que peu de questions sont plus critiques que de s'assurer que des méthodes plus efficaces sont utilisées sur les croyants en formation. Une des méthodes les plus efficaces pour les croyants en formation à ce stade sont les séries de Formation pour Suivre Jésus. Le premier livre de la série, Former des Disciples Radicaux, donne des leçons facilement reproductibles pour transformer les nouveaux croyants en Christ- en tant que disciples. Ce second livre va un peu plus loin et offre des leçons pour transformer les croyants en Jésus en des dirigeants qui multiplient leurs groupes. Formation de Leaders Radicaux par Dan Lancaster est une technique qui a été essayée et testée pour cette formation. Elle est pratique et lucide dans son enseignement - fournit des sketches, des images et des expériences pratiques pour ceux qui sont formés.

! Former des Dirigeants Radicaux est sans conteste l'une des méthodes les plus efficaces pour les croyants en formation approfondie pour devenir ministère. Ce matériau est non seulement efficace, mais accélère le développement de dirigeant. Les leçons anticipent les besoins des dirigeants, donne une vision de ce qu'est un dirigeant pieux ressemble, ainsi que les étapes à suivre pour implanter de nouvelles églises. Ce livre va vers l'avant et permet aux dirigeants d'être formés et de s'élever en tant que dirigeant et de les former ainsi. Former des Dirigeants Radicaux aide les chefs radicaux à se comprendre aussi bien que ceux avec qui ils travaillent dans un nouveau contexte à l'aide de huit images liées à leur personnalité.

! Les séries Formation pour Suivre Jésus dans son ensemble offre aux nouveaux croyants une méthode holistique. Ce deuxième livre de la série poursuit l'utile, method pratique commencée dans le premier livre. Le ministère du Roi des Rois exige seulement le meilleur dans la méthode. Voici un plan pour la formation de dirigeants qui répond à ces qualifications.

Roy J. Fish

Remerciements

Chaque livre est une compilation de formation des leçons apprises dans la vie. Les Séries *d' Entraînement Pour Suivre Jésus* ne fait pas exception. J'ai une dette de gratitude aux nombreuses personnes qui m'ont formé, afin que je puisse former d'autres personnes.

Plusieurs de mes amis en Asie du Sud ont travaillé côte à côte avec moi pour développer ces matériaux pour former des dirigeants. Merci Gilbert David, Jeri Whitfield, Craig Garrison, Steve Smith, Mims Neill, et Woody & Lynn Thingpen pour vos idées, de soutien et d'aide. Nous avons parcouru ce voyage pendant de nombreuses années ensemble.

Plusieurs chefs spirituels ont considérablement influencé ma vie et je tiens à les remercier. Dr Ricky Paris m'a appris à chercher Dieu de tout mon cœur. Gaylon Lane, L.D. Baxley, et Tom Popelka modélisé l'amour inconditionnel et la direction spirituelle au cours d'une partie rugueuse de mon pèlerinage. Dr. Elvin McCann a encouragé la mission que le Dieu du feu a placé en moi. Rev Nick Olson m'a montré comment être un homme de stratégie et d'intégrité. Dr Ben Smith m'a présenté Jésus et est resté un confident depuis lors. Le Dr Roy Fish m'a donné une vision pour la multiplication de disciples au début de mon ministère. Rev Ron Capps m'a appris "le plus meilleur dirigeant est le plus meilleur serviteur." Merci à tous pour ma formation en tant que dirigeant, me permettant de former d'autres personnes.

Tom Wells a servi en tant que dirigeant à Highland Fellowship, la deuxième église que nous avons établi. Un doué musicien et cher ami, Tom et moi avons parlé des huit images du Christ autour de beaucoup de cafés. Il m'a aidé à développer une simple méthode pour découvrir une personnalité utilisée dans la formation des dirigeants radicaux. Nous avons organisé l'église et les ministères sur la base des huit images du Christ. Nous avons également fourni des services de consultation pour les églises locales en matière de la santé de l'église. Bien que vous soyez maintenant avec le Seigneur, Tom, sachez que votre travail est passé dans le futur, on se souvient de vous, et vous nous manquez beaucoup.

Je voudrais aussi particulièrement remercier David et Jill Shanks qui ont contribué à ce projet. Leur générosité a permis de trouver d'innombrables croyants en Asie à renforcer l'établissment de disciples, de direction, et d'église. La queue dans le ciel sera longue, attendant de vous remercier.

Enfin, ma famille offre ce livre comme un cadeau au vôtre. Holli, ma femme et mes enfants, Jeff, Zach, Karis, et Zane, tous sacrifiés et ont soutenu cet effort pour développer de passionnés, chefs spirituels et apporter guérison aux nations.

Daniel B. Lancaster, Ph.D.
Asie du Sud

Préface

Dieu a accordé à notre famille le privilège de commencer deux églises en Amérique. La première église était à Hamilton, au Texas, le siège d'un des comtés les plus pauvres dans le Texas. Le souvenir de la façon dont Dieu a pourvu ce groupe puissant de croyants de construire une église de 200 places sans dette au milieu de difficultés économiques réchauffe encore les cœurs d'aujourd'hui. Dieu a changé nos vies à tous, quand Il se souvint de Hamilton.

Nous avons commencé notre deuxième église à Lewisville, au Texas. J'avais passé mes jeunes années de lycée à Lewisville, une banlieue progressive dans le Dallas et la zone de Fort Worth. Mon église de maison, Lakeland-Baptiste, nous a généreusement soutenu financièrement, émotionnellement et spirituellement. Nous étions la dix huitième église plantée dans la région. En raison de notre expérience en tant que planteurs d'églises, le pasteur nous a demandé de commencer l'église sans un groupe de base, nous appuyant principalement sur le porte-à-porte appels.

Deux mois dans l'église plantée, une douleur importante s'est développée tout au long de mon corps et j'ai souffert de fatigue sévère. Les médecins ont identifié la maladie en tant que lupus, le même jour de la naissance de notre quatrième enfant. Plus tard, des tests ont modifié le diagnostique à de la spondylarthrite ankylosante - une maladie arthritique qui allie la colonne vertébrale, cage thoracique, et les articulations de la hanche. Hautement-alimenté d'analgésiques m'a donné un certain soulagement, mais cela m'a aussi assoupi. Je pouvais seulement travailler deux heures par jour au maximum et ait passé le reste du temps à me reposer et à prier.

Cette période fut une "nuit obscure de l'âme" pour notre ministère. La fatigue et la douleur a tout limité. Bien que je sois très malade, nous avons senti comme si Dieu nous appelait de nouveau pour démarrer l'église. Nous Lui avons demandé de nous libérer, mais Il a répondu en nous rappelant que Sa grâce était suffisante. Nous avons senti comme si Dieu nous avait abandonné, mais Son amour n'a jamais faibli. Nous nous sommes interrogé quel était notre appel, mais Il a continué à nous rapprocher vers Lui et nous a donné de l'espoir. Nous nous demandions si Dieu nous punissait pour un péché inconnu, mais Il nous a comblés avec la foi que cela permettrait de sauver des personnes perdues et de les retourner à leur famille. Notre rêve d'aller sur le terrain de la mission s'est lentement effacé un jour et a éventuellement disparu.

Comment voudriez-vous investir votre temps si vous ne pouviez travailler que deux heures par jour en commençant une nouvelle église? Dieu nous a amenés à nous concentrer sur le développement de dirigeants. J'ai appris à passer une heure avec une personne pour le déjeuner et leur laissant un plan stratégique pour le mois à venir, le plus souvent écrit sur une serviette! Un ethos pour multiplier d'autres formations, qui à leur tour ont formé d'autres personnes. Nous avons aidé les gens à chercher comment Dieu les avait "câblés" et comment écouter Christ d'une manière pratique. Beaucoup d'adultes et d'enfants sont entrés dans le Royaume, en dépit de la souffrance physique avec laquelle nous avons été confrontés.

Trois ans après le début de ma maladie, nous avons commencé un nouveau médicament qui a tout changé. La douleur et la fatigue sont devenues gérables. Au lieu de retourner à l'ancien modèle du pasteur à tout faire, nous avons persisté sur le même chemin de développement de dirigeants. Quatre ans après le début de l'église, j'ai fait un voyage de vision en Asie du Sud avec un ami. Quand je suis descendu de l'avion dans une terre étrangère, Dieu a parlé à mon cœur et dit: "Vous êtes chez vous." J'ai appelé ma femme ce soir-là et elle a confirmé que Dieu nous avait tous dit la même chose. Un an plus tard, nous avons vendu tout ce que nous avions, rassemblé notre famille de quatre, et a vons déménagé en Asie du Sud.

Nous avons travaillé dans un pays fermé et commencé à avoir des disciples. Nous avons demandé à Dieu de nous donner trois hommes et trois femmes où nous pourrions consacrer nos vies en suivant l'exemple de Jésus en nous concentrant sur Pierre, Jacques et Jean. Dieu a répondu à notre prière et nous a envoyé des gens auprès desquels nous pourrions venir à côté et entraîner, comme Barnabas forma Paul. Alors que nous avons formé de de plus en plus de gens à suivre Jésus, ils ont commencé beaucoup de nouveaux groupes, et certains ont établi des églises. Comme ils ont grandi, les groupes et les églises ont commencé à avoir de plus en plus besoinde dirigeants. Le pays où nous avont été, souffrait aussi d'un manque de dirigeants et d'un développement de dirigeance clairsemée. Nous avons commencé une étude approfondie de comment Jésus forma les disciples en tant que dirigeants. Nous avons enseigné ces leçons à nos amis nationaux et fait une découverte intéressante; faire des disciples et des leaders de formation sont les deux faces d'une même médaille. "Faire des disciples", décrit le début du voyage et "la formation de leaders" décrit la poursuite du voyage. Nous avons également découvert que plus nous imitions Jésus, plus notre formation devint reproductible.

Les reproductibles leçons nous enseignions nos dirigeants sont dans ce manuel de formation. Jésus est le plus grand dirigeant de tous les temps et vit dans Ses disciples. Alors que nous Le suivons, nous devenons de meilleurs dirigeants. Que Dieu vous bénisse en tant que chef de file et les personnes que vous influencez à l'aide de ce manuel de formation. De nombreux dirigeants ont formé avec succès des générations de dirigeants avec ces matériaux, et nous prions Dieu de bénir votre vie alors que vous faites la même chose.

Partie 1
Écrous et Boulons

La Stratégie de Jésus

La stratégie de Jésus pour toucher les nations comprend cinq tactiques: Soyez forts en Dieu, partagez l'évangile, faites des disciples, démarrez des groupes qui mènent à des églises, et développez des dirigeants. Alors que chaque tactique est seule, ils se joignent créant un processus de synergie. Le matériel dans *Suivez l'Entraînement de Jésus* permet aux formateurs d'être un catalyste pour un mouvement d'implantation d'églises parmi leur peuple, simplement en suivant Jésus.

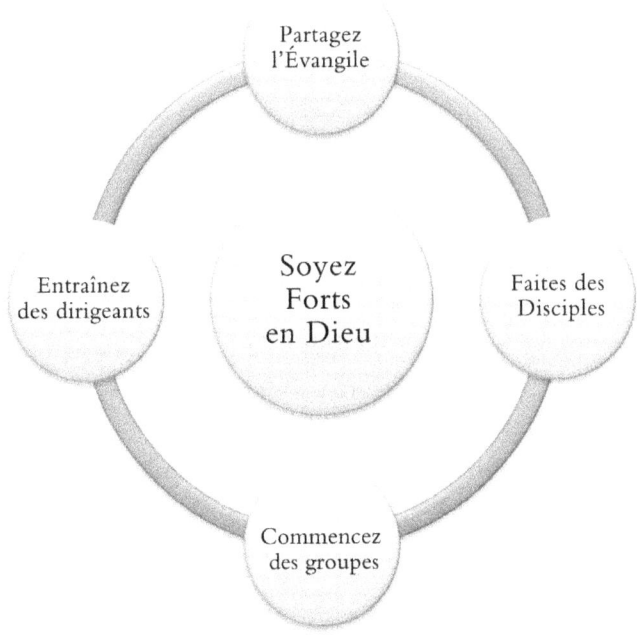

Suivez l'Entraînement de Jésus commence par *Faire des Disciples Radicaux* et les quatre premières tactiques dans la stratégie de Jésus. Les disciples apprennent à prier, à obéir aux commandements de Jésus, et à marcher dans la puissance de l'Esprit Saint (Soyez Forts en Dieu). Puis les disciples découvrent comment se joindre à Dieu, où Il travaille et partagent leur témoignage – une arme puissante dans le combat spirituel. Ensuite, ils apprennent à partager l'Evangile et à inviter des gens de retourner vers La Famille de Dieu (Partager l'Evangile). En complétant le cours, cela donne aux dirigeants les outils nécessaires pour démarrer un petit groupe, donner une vision pour la multiplication, et un plan pour joindre leur communauté (Commencer des Groupes).

Les nouveaux disciples ont exprimé deux besoins alors que nous les avons formés et entraînés. Les dirigeants émergents se demandaient comment devenir des dirigeants spirituels et quelles mesures étaient nécessaires pour la transition d'un groupe d'une église. Parce que les tactiques de la stratégie de Jésus ne sont pas séquentielles, certains disciples ont demandé à s'entraîner pour devenir des dirigeants et pour l'implantation d'églises. D'autres disciples ont choisi l'ordre inverse. En conséquence, nous avons commencé à offrir deux séminaires de formation supplémentaires pour les disciples qui ont utilisé *Faire des Disciples Radicaux* et qui se sont commis à en entraîner d'autres.

Commencer des Églises Radicales facilite les églises existantes à démarrer de nouveaux groupes et églises – la quatrième tactique dans la stratégie de Jésus. Peu de dirigeants ont commencé une église et une erreur fréquente a été faite de copier la structure de leur église actuelle dans la nouvelle église. Cette approche ne garantit que de maigres résultats. *Commencer des Églises Radicales* vous évite de faire cette erreur en entraînant les disciples leur apprenant comment suivre les huit commandements du Christ que l'Église au début obéit dans les Actes 2. Le groupe travaille à travers des applications pratiques de chaque commande et développe une église communautaire ensemble. Si le groupe sens la direction de Dieu, le séminaire se termine avec une cérémonie de célébration et de dévouement en tant que nouvelle église.

Entraînement de Dirigeants Radicaux aide les dirigeants à former les autres à devenir de s chefs passionnés et spirituels - la cinquième tactique dans la stratégie de Jésus. Un ingrédient clé dans mouvement d'impantation d'églises est le développement du dirigeant. Le séminaire montre aux dirigeants le processus de Jésus utilisé pour former les dirigeants et les sept qualités de la direction de Jésus, le plus grand leader de tous les temps. Les dirigeants découvrent leur type de personnalité et les moyens d'aider les gens de personnalités différentes à travailler ensemble. Enfin, les leaders développent un "Plan de Jésus" reposant sur les douze principes que Jésus donna à ses disciples dans Luc 10. Le séminaire se termine avec les dirigeants partageant leur "Plan de Jésus" et priant ensembles. Les dirigeants s'engagent à s'entraîner les uns des autres et de développer de nouveaux dirigeants.

Les deux *Commencer des Églises Radicales et Entraîner des Dirigeants Radicaux* entraînent les disciples à imiter la façon dont Jésus ministrait et sa méthode. Les entraîneurs donnent aux dirigeants les outils reproductibles qu'ils peuvent maîtriser et de partager avec les autres. *Suivez l'Entraînement de Jésus* n'est pas un cours à apprendre, mais une façon de vivre. Depuis plus de deux mille ans, Dieu a béni et a changé la vie d'innombrables personnes avec la simplicité de suivre son Fils. Les croyants ont suivi la stratégie de Jésus et des cultures entières ont été transformées. Que Dieu fasse la même chose dans votre vie et parmi les gens que vous entraînez à suivre Jésus.

Formation De Dirigeants

L'*Entraînement de Dirigeants Radicaux* est fondé sur le premier cours, *Faire des Disciples Radicaux*, et aide ceux qui ont lancé des groupes de disciples en tant que dirigeants et de multiplier ces groupes.

Résulats De La Formation

Après avoir terminé ce séminaire de formation, les élèves peuvent:

- Enseigner à d'autres dirigeants dix leçons de ldirection fondamentales.
- Former d'autres dirigeants en utilisant un processus reproductible modélisé par Jésus.
- Identifier les différents types de personnalité et aider les gens à travailler ensemble comme une équipe.
- Élaborer un plan stratégique pour engager la perte spirituelle de leur communauté et de se multiplier en nouveaux groupes.
- Comprendre la façon de mener un mouvement d'implantation d'église.

Processus De Formation

Chaque session de formation en tant que dirigeant suit le même format, basée sur la manière dont Jésus a formé les disciples en tant que meneur. Une leçon générique suit ce plan, avec les périodes proposées.

ÉLOGE

- Chantez deux chœurs ou des hymnes ensemble (ou plus si le temps le permet).

    (10 minutes)

PROGRÈS

- Le leader partage ses progrès réalisés avec son ministère depuis la dernière fois que les dirigeants se sont rencontrés. Le groupe prie pour le chef et son ministère.

    (10 minutes)

PROBLÈME

- L'entraîneur introduit un problème de direction commune, en l'expliquant à l'aide d'une histoire ou une illustration personnelle.

    (5 minutes)

PLAN

- Le formateur enseigne une leçon de leadership des dirigeants simple qui donne un aperçu et des compétences dans la résolution du problème de la direction.

(20 minutes)

PRATIQUE

- Les dirigeants sont divisés en groupes de quatre et de pratiquent la méthode d'entraînement de direction en discutant la leçon qu'ils viennent d'apprendre, y compris:
  - Le progrès réalisé dans ce domaine d'autorité.
  - Problèmes rencontrés dans ce domaine d'autorité.
  - Les plans visant à améliorer au cours des 30 prochains jours en fonction de la leçon d'autorité.
  - Une compétence qu'ils exercent dans les 30 prochains jours en fonction de la leçon d'autorité.

- Les dirigeants se lèvent et répètent le verset à mémoriser dix fois ensemble, ils lisent la Bible six fois, et quatre fois de mémoire.

(30 minutes)

PRIÈRE

- Des groupes de quatre partagent leurs inquiétudes par rapport aux prières et prient pour les uns pour les autres.

(10 minutes)

FIN

- La plupart des séances se terminent par une activité d'apprentissage pour aider les meneurs à appliquer la leçon de direction par rapport à leur propre contexte.

(15 minutes)

Emploi Du Temps De L'entraînement

Utilisez ce manuel pour faciliter un séminaire de trois jours ou d'un programme de formation de 10 semaines. Chaque session dans les deux calendriers prend environ une heure et demie et utilise le processus de formation des formateurs à la page 20.

La formation de chef de file se produit généralement une fois par mois, deux fois par mois, ou dans un séminaire de trois jours. Seuls les dirigeants actuellement mènant un groupe devraient être présents.

Emploi du Temps de Trois Jours

	Jour 1	Jour 2	Jour 3
8:30	Bienvenue	Plus forts Ensembles	Groupes de départ
10:00	*Pause*	*Pause*	*Pause*
10:30	Entraîne toi comme Jésus	Compé;;on de théâtre	Mul;pliez les Groupes
12:00	*Déjeuner*	*Déjeuner*	*Déjeuner*
1:00	Dirige comme Jésus	Partage l'évangile	Suis Jésus
2:30	*Pause*	*Pause*	
3:00	Deviens Fort	Faites des Disciples	
5:00	*Dîner*	*Dîner*	

Emploi du Temps de la Semaine

Semaine 1	Bienvenue	Semaine 6	Partage l'évangile
Semaine 2	Entraîne toi comme Jésus	Semaine 7	Fais des Disciples
Semaine 3	Mène comme Jésus	Semaine 8	Commence des Groupes
Semaine 4	Deviens Fort	Semaine 9	Mul;plie les groupes
Semaine 5	Plus Forts Ensembles	Semaine 10	Suis Jésus

Principes d'entraînement

Aider les autres à se développer en tant que meneurs est un travail passionnant et exigeant. Contrairement à l'opinion populaire, les dirigeants sont faits, pas nés. Pour que plus de chefs émergent, le développement de direction doit être intentionnel et systématique. Certaines personnes croient à tort que les dirigeants deviennent des meneurs en fonction de leur personnalité. Une rapide enquête de la réussite des méga-pasteurs des églises en Amérique, cependant, révèle des pasteurs avec de nombreuses personnalités différentes. Lorsque nous suivons Jésus, nous suivons le plus grand Meneur de tous les temps, et nous développons en tant que dirigeants nous-mêmes.

La hausse des meneurs a besoin d'une approche équilibrée pour le développement de la direction. Une approche équilibrée comprend un travail sur les connaissances, le caractère, les compétences et la motivation. Une personne a besoin de tous ces quatres ingrédients pour qu'un meneur soit efficace. Sans le savoir, des hypothèses erronées et des malentendus détournent le meneur. Sans caractère, un chef de file fera des erreurs morales et spirituelles qui entravent la mission. Sans les compétences nécessaires, le chef de file va, en permanence, réinventer la roue ou utiliser des méthodes dépassées. Enfin, un chef de file avec des connaissances, du caractère et des compétences, mais pas de motivation ne se soucie que du statu quo et à préserver sa position.

Les chefs de file doivent apprendre les outils clés nécessaires pour finir le travail. Après avoir passé beaucoup de temps dans la prière, chaque chef de file a besoin d'une vision persuasive. La vision répond à la question, "Que faut-il qu'il se passe ensuite?" Les dirigeants doivent connaître le but dans ce qu'ils font. Le but est de répondre à la question: "Pourquoi est-ce important?" Connaissant la réponse à cette question guida de nombreux dirigeants dans des moments difficiles. Ensuite, les dirigeants doivent connaître leur mission. Dieu rassemble les gens en une communauté pour mener à bien Sa Volonté. La mission répond à la question, "Qui doit être impliqué?" Enfin, les bons dirigeants ont des objectifs clairs et concis à suivre. En règle générale, un chef de file va projeter sa vision, par le biais d'un but et d'une mission ayant quatre à cinq buts. Les objectifs sont de répondre à la question, "Comment allons-nous le faire?"

Nous avons découvert combien il est difficile de choisir les chefs de file émergents dans un groupe. Dieu va toujours vous surprendre avec ceux qu'Il choisit! L'approche la plus productive est de traiter chaque personne comme si elle ou il était déjà un chef de file. Une personne ne peut que se conduire lui-même ou elle-même, mais c'est toujours un chef de file. Les gens deviennent de meilleurs chefs de file en proportion directe avec nos attentes (la foi). Lorsque nous traitons les gens comme des disciples, ils deviennent disciples. Lorsque nous traitons les gens comme des chefs de file, ils deviennent chefs de file. Jésus a choisi des gens de tous les niveaux de la société pour démontrer qu'un bon chef de file dépend de demeurer avec Lui, et non pas les signes extérieurs que les personnes cherchent souvent. Pourquoi avons-nous une pénurie de chefs de file? Parce que les dirigeants actuels refuse d'accorder à de nouvelles personnes l'abilité de mener.

Peu de facteurs arrête un mouvement de Dieu plus vite que le manque de direction divin. Malheureusement, nous avons rencontré un vide de direction dans la plupart des endroits où nous avons entraîné des gens (y compris l'Amérique). Les chefs de file qui sont pieux sont la clé de shalom- de la paix, la benediction, et

Ia justice- dans une communaute. Une citation celebre d'Albert Einstein peut etre paraphrasee comme suit: "Nous ne pouvons pas resoudre nos problemes actuels avec notre niveau actuel de direction" Dieu utilise *Suivez l'Entrafnement de Jesus* pour equiper et motiver de nombreux nouveaux dirigeants. Nous prions que Ia meme chose se passe pour vous. Que le plus grand chef de file de tous les temps remplisse votre cceur et votre esprit d'une benediction spirituelle, vous rende plus fort, et augmenter votre influence - le veritable test de direction.

Partie 2

FORMATION DE DIRECTION

# 1

Bienvenue

Les entraîneurs et les chefs de file se présentent les uns des autres pendant la première leçon. Les dirigeants apprennent alors la différence entre la méthode grecque et la méthode hébraïque de la fméthode d'entraînement. Jésus a utilisé les deux méthodes et nous devrions faire la même chose. La méthode hébraïque est la plus utile pour la formation des chefs de file et la plus souvent utilisée dans la formation des dirigeants radicaux.

L'objectif de la leçon est pour les dirigeants de comprendre la stratégie de Jésus pour toucher le monde. Les cinq parties de la stratégie de Jésus comprennent: Soyez Forts en Dieu, Partager l'Évangile, Faire des Disciples, Démarrer des Groupes qui Deviennent des Églises, et former des chefs de file. Les chefs de file révisent les leçons dans l'*Entraînement de Jésus, Partie 1: Faire des Disciples Radicaux* qui équipe les croyants pour réussir dans chaque partie de la stratégie de Jésus. Les dirigeants ont également pratiqué la coulée d'une vision de la suite de la stratégie de Jésus pour les autres. La séance se termine par la charge pour suivre Jésus et obéir à Ses commandements tous les jours.

Éloge

- Chantez deux chœurs ou des hymnes ensemble.
- Demandez à un leader respecté de prier pour la présence de Dieu et la bénédiction au cours du séminaire de formation.

Début

Introduction des Entraîneurs

- Les entraîneurs et chefs de file sont assis en cercle pour commencer la séance d'ouverture. Afin de promouvoir une atmosphère informelle, supprimez toutes les tables dressées plus tôt.
- Les entraîneurs modélisent la façon dont les dirigeants se présenteront.
- L'entraîneur et l'apprenti se présentent les uns les autres. Ils partagent le nom de l'autre personne, des informations sur leur famille, le groupe ethnique (si approprié), et d'une façon que Dieu a béni le groupe qu'ils mènent au cours du mois précédent.

Présentation des dirigeants

- Diviser les dirigeants en paires.

"Présentez votre partenaire de la même manière dont mon apprenti et moi l'avons fait."

- Les dirigeants doivent apprendre le nom de leur partenaire, des informations sur leur famille, groupe ethnique (si

montage), et d'une façon que Dieu a béni le groupe qu'ils dirigent le mois précédent. Encouragez-les à écrire les informations dans leur cahier d'écolier afin de ne pas l'oublier quand ils introduisent leur partenaire.
- Après environ cinq minutes, demandez aux paires de chefs de file de se présenter à au moins cinq autres partenaires de la même manière dont vous vous êtes présenté.

Comment Est Ce Que Jésus A Entraîné les Chefs de File

- Demandez aux dirigeants de placer leurs chaises en rangées - la méthode traditionnelle d'enseignement. Ils devraient former au moins deux rangées et une allée au milieu. Les dirigeants sont assis dans les rangées, tandis que les entraîneurs se tiennent à l'avant.

    "Nous appelons cela la" grecque "méthode d'enseignement. La connaissances de l'enseignant part, les étudiants de poser quelques questions, et tout le monde aborde le premier professeur. En règle générale, les enseignants organisent leur classe de cette façon, surtout avec les enfants."

- Demandez aux dirigeants de mettre leurs chaises dans un cercle comme celui au début de la session. Les dirigeants et les entraîneurs forment un cercle assis ensemble.

    "Nous appelons cette méthode, l'enseignement hébraïque. L'enseignant pose quelques questions, les élèves discutent sur le sujet, et tout le monde écoute la personne qui parle, pas seulement le maître. Les enseignants utilisent parfois cette méthode lorsqu'ils enseignent des adultes. Quelle fut la méthode d'enseignement de Jésus?"

- Permettre aux élèves de discuter sur la question et ensuite dire "Les deux." Jésus a utilisé la méthode grecque quand il s'est adressé à la foule et la méthode en hébreu quand il a entraîné des disciples en tant que chefs de file.

    "Quelle est la méthode que la plupart des enseignants utilisent dans votre environnement?"

- Les enseignants utilisent la méthode grecque plus souvent. En conséquence, nous nous sentons plus à l'aise dans ce milieu.

    "Lors de ces sessions de formation, nous allons montrer comment former les dirigeants de la manière dont Jésus l'a fait. La plupart des séances de formation de chefs de file radicaux utilisera la méthode hébraïque, parce que Jésus a utilisé cette méthode quand les chefs de file sont formés. Nous voulons L'imiter."

PLAN

"Notre objectif dans cette leçon est de comprendre la stratégie de Jésus pour atteindre le monde, afin que nous puissions le suivre."

Qui Construit l'Eglise?

–MATTHIEU 16:18–
MAINTENANT, JE TE DIS QUE TU ES PIERRE (CE QUI SIGNIFIE 'ROCHER'), ET SUR CETTE PIERRE JE BÂTIRAI MON ÉGLISE, ET TOUS LES POUVOIRS DE L'ENFER NE POURRA PAS LE CONQUÉRIR. (NLT)

"Jésus est celui qui construit Son Eglise."

Pourquoi Est-Il Important de Savoir Qui Édifie l'Eglise?

–PSAUMES 127:1–
À MOINS QUE LE SEIGNEUR NE BÂTISSE UNE MAISON, SON TRAVAIL SUR LES CONSTRUCTEURS, EN VAIN, À MOINS QUE LE SEIGNEUR NE VEILLE SUR UNE VILLE, LE GARDIEN RESTE ALERTE EN VAIN. (HCSB)

"À moins que Jésus n'édifie l'Église, notre travail ne mènera à rien. Pendant sa présence terrestre, et à travers l'histoire de l'église, Jésus a toujours construit son église avec la même stratégie. Apprenons Sa stratégie afin que nous puissions le suivre."

Comment Est Ce Que Jésus Bâtit Son Église?

- Dessinez le schéma ci-dessous, section par section, alors que vous partagez la stratégie de Jésus pour atteindre le monde.

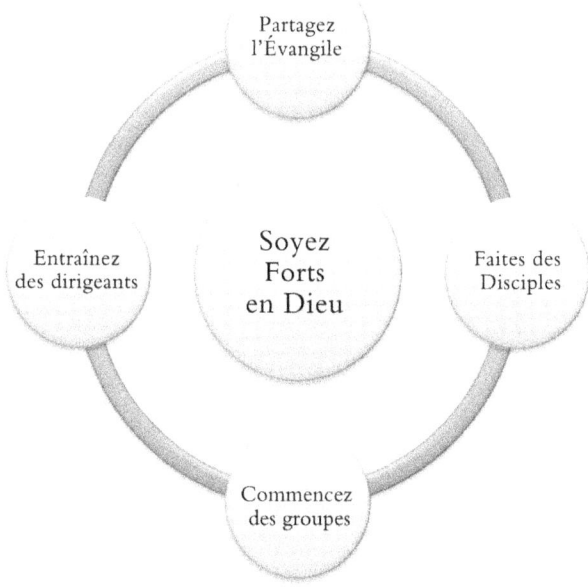

SOYEZ FORTS EN DIEU

> –LUC 2:52–
> JÉSUS EST DEVENU SAGE, ET IL DEVINT FORT. DIEU ÉTAIT CONTENT DE LUI ET AINSI QUE LE PEUPLE. (CEV)

> –LUC 4:14–
> (APRÈS SA TENTATION) ET JÉSUS RETOURNA EN GALILÉE, DANS LA PUISSANCE DE L'ESPRIT, ET DES NOUVELLES SUR SA RENOMMÉE SE RÉPANDIT À TRAVERS TOUT LE QUARTIER ENVIRONNANT. (NASB)

"La première tactique dans la stratégie de Jésus est" Soyez Forts en Dieu. "La Direction spirituelle dépend d'une relation propre et intime avec Dieu. Pour que nous puissions être forts, nous devons nous conformer à Jésus.

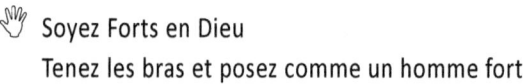 Soyez Forts en Dieu
   Tenez les bras et posez comme un homme fort.

Alors que nous demeurons en Jésus, nous prions, obéissons à Ses commandements, marchons dans l'Esprit, et rejoignons Jésus, où il travaille."

- CONSULTEZ la section "Priez", "Obéissez," et "marchez" les leçons avec mouvements de la main dans *Suivre l'Entraînement de Jésus Partie 1: Faire des Disciples Radicaux:*

"Ces leçons nous entraînent à écouter le Christ. Ils nous aident à former les autres à demeurer en Lui, aussi. Une partie en étant forts dans le Seigneur est d'obéir à Ses commandements. Le reste de la stratégie de Jésus consiste de commandes que nous devrions obéir à l'instant, tout le temps, et avec un cœur d'amour."

PARTAGEZ L'ÉVANGILE

> –MARC 1:14, 15–
> PLUS TARD, APRÈS QUE JEAN AIT ÉTÉ ARRÊTÉ, JÉSUS VINT EN GALILÉE, OÙ IL A PRÊCHÉ LES BONNES NOUVELLES DE DIEU. "LE TEMPS PROMIS PAR DIEU EST ENFIN VENU!" IL A ANNONCÉ. "LE ROYAUME DE DIEU EST PROCHE! REPENTEZ-VOUS DE VOS PÉCHÉS ET CROYEZ EN CES BONNE NOUVELLES! "(NLT)

"Nous grandissons forts avec Dieu par la prière et la marche dans l'Esprit. Une autre façon de devenir fort en Dieu est d'obéir aux commandements de Jésus. Jésus nous ordonne de le rejoindre là où il travaille et de partager les bonnes nouvelles."

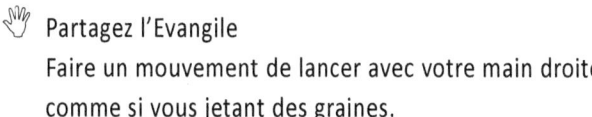
Partagez l'Evangile
Faire un mouvement de lancer avec votre main droite comme si vous jetant des graines.

"Pour la plupart des gens, partager un témoignage sur la façon dont Dieu les a sauvés est un bon point de départ lors du partage de bonnes nouvelles avec les autres. Les gens écoutent avec intérêt et ont du plaisir à entendre notre histoire. Le partage de notre témoignage nous permet aussi de voir si le Saint-Esprit est au travail, afin que nous puissions le rejoindre.

Quand on voit où Dieu travaille, nous partageons le simple évangile. Assurez-vous de semer la graine de l'évangile. Rappelez-vous: pas de graines, pas de récolte "!

- CONSULTEZ la section "Allez", "Partagez" et "Semez" des leçons avec des mouvements de main avec *Suivez l'Entraînement de Jésus, Partie 1: Faire des disciples radicaux.*

"Ne tombez pas dans un des pièges de Satan à ce moment là. Beaucoup de croyants pensent à tort qu'ils ont besoin d'être plus forts en Dieu avant de partager l'évangile. Ils ne réalisent pas que le contraire est vrai. Nous grandissons plus forts après que nous ayons obéi aux commandements de Jésus, pas avant. Obéissez aux commandements de Jésus en partageant l'évangile et vous deviendrez alors plus forts dans votre foi. Si vous attendez de vous sentir "assez fort", vous ne partagerez jamais votre foi."

FAITES DES DISCIPLES

–Matthieu 4:19–
"Venez, suivez-moi", dit Jésus, "et je vous ferai pêcheurs d'hommes."

"Alors que nous écoutons Jésus et obéissons à son commandement pour partager l'évangile, les gens vont réagir et vont vouloir se développer en tant que croyants."

> Faites des Disciples
> Mains sur le cœur et ensuite levées en adoration. Les mains sur la taille, puis levées dans la prière en pose classique. Mains pointées vers l'Esprit, alors, réduit à regarder alors que vous êtes en train de lire un livre. Tenez les bras vers le haut comme un homme fort dans une pose et ensuite faites un mouvement de balayage, comme si vous lanciez des graines.

"La plus importante commande à laquelle ont doit obéir est d'aimer Dieu et d'aimer les gens. Nous montrons aux nouveaux adeptes de Jésus comment le faire de manière pratique. Nous devons également leur apprendre à prier, à obéir aux commandements de Jésus, marcher dans l'Esprit, là où Jésus est au travail, partager

leur témoignage, et de partager le simple évangile, de sorte qu'ils soient forts en Dieu, aussi."

- EXAMINEZ la leçon "d'Amour" avec des mouvements de la main dans *Suivre l'Entraînement de Jésus, Partie 1: Faire des Disciples Radicaux.*

COMMENCER DES GROUPES ET DES ÉGLISES

–MATTHIEU 16:18–
JE DIS AUSSI QUE TU ES PIERRE, ET SUR CETTE PIERRE JE BÂTIRAI MON EGLISE, ET LES PORTES DE L'HADÈS NE TIENDRONT PAS LE DOMINER.

"Alors que nous demeurons en Jésus et obéissons à Ses commandements, nous partageons l'évangile et faisons des disciples. Ensuite, nous suivons l'exemple de Jésus et démarrons des groupes qui adorent, prient, étudient, et se rassemblent. Jésus démarre ces types de groupes dans le monde entier et renforcer son église et aide les églises à commencer de nouvelles églises pour sa gloire."

Commencez des Groupes et des Églises
Mains font un mouvement de "rassemblement", comme si vous demandiez aux gens de se rassembler autour vous.

DÉVELOPPEZ DES DIRIGEANTS

–MATTHIEU 10:05-8–
CES DOUZE QUE JÉSUS ENVOYA AVEC LES INSTRUCTIONS SUIVANTES: "N'ALLEZ PAS CHEZ LES PAÏENS ET N'ENTREZ PAS LES VILLES DES SAMARITAINS. ALLEZ PLUTÔT VERS LES BREBIS PERDUES D'ISRAËL. ALORS QUE VOUS ALLEZ,

PRÊCHER CE MESSAGE: "LE ROYAUME DES CIEUX EST PROCHE." GUÉRISSEZ LES MALADES, RESSUSCITEZ LES MORTS, PURIFIEZ LES LÉPREUX, CHASSEZ LES DÉMONS. VOUS AVEZ REÇU GRATUITEMENT, DONNEZ GRATUITEMENT."

"Alors que nous demeurons en Christ, nous montrons notre amour pour Lui, en obéissant à Ses commandements. Nous partageons l'évangile pour que les gens perdus puissent revenir dans la famille de Dieu. Nous créons des disciples qui aiment à la fois Dieu et le peuple. Nous commençons les groupes avec de l'adoration, une prière, une étude, et une communauté ensemble. Plus de groupes créent un besoin pour plus de dirigeants. Conformément au principe 222 en 2 Timothée 2:2, nous entraînons les dirigeants, qui eux mêmes entraînent les dirigeants, qui forment encore plus de dirigeants."

🖐 Développez des Dirigeants
   restez debouts et saluez comme un soldat.

- RÉVISEZ la leçon "Multipliez" avec des mouvements de la main dans *Suivre l'Entraînement de Jésus, Partie 1: Faire des Disciples Radicaux."*

"S'il vous plaît évitez un malentendu courant de la stratégie de Jésus. Beaucoup de croyants essayent de suivre ces commandes séquentiellement. Tout d'abord, ils pensent, nous allons évangéliser, puis, nous allons avoir des disciples, et ainsi de suite. Jésus, cependant, a montré que nous obéissions à toutes les commandes dans tous les milieux. Par exemple, alors que nous partageons l'évangile, nous montrons déjà à la personne comment être un disciple de Jésus. Alors que nous avons fait des disciples, nous aidons les nouveaux croyants à trouver un groupe existant ou à en créer un nouveau. Dès le début, nous affichons les habitudes d'un passionné, chef spirituel.

Cette stratégie en cinq volets décrit comment Jésus bâtit Son Eglise. Les disciples vont imiter la stratégie de Jésus dans l'ancienne Église. Paul a copié cette stratégie dans sa mission auprès des Gentiles. Les chefs spirituels à travers l'histoire de l'église ont fait la même chose. Lorsque les dirigeants ont rejoint Jésus dans sa stratégie visant à atteindre le monde, Dieu a béni des pays entiers de façon significative. Puissions-nous suivre la stratégie de Jésus et de voir la gloire de Dieu arriver dans ce pays!"

Verset à Mémoriser

> –I Corinthiens 11:1–
> Soyez mes imitateurs, comme je suis aussi de Christ. (NAS)

- Tout le monde se lève et dit le verset à mémoriser dix fois ensemble. Les six premières fois, ils peuvent utiliser leur Bible ou les notes des élèves. Les quatre dernières fois, ils disent le verset de mémoire. Dites le verset de référence en citant le verset à chaque fois et asseyez-vous lorsque vous avez terminé.
- Suite à cette routine, cela va aider les entraîneurs à savoir quelles équipes ont terminé la section "pratique" de la leçon.

Pratique

"Maintenant, nous allons mettre en pratique ce que nous avons appris sur la stratégie de Jésus pour atteindre le monde. Nous allons à tour de rôle partager la stratégie avec les uns les autres. Ensuite, nous aurons la confiance nécessaire pour enseigner aux autres."

- Demandez aux dirigeants de se mettre par deux.

"Prenez une feuille de papier. Plier la feuille en deux. Maintenant, pliez-la en une fois et demie tout comme je vous montre. Cela vous donne quatre panneaux à dessiner l'image de la stratégie de Jésus sur le moment où vous dépliez le papier."

- Demandez aux dirigeants de pratiquer l'élaboration de la stratégie de l'image de Jésus et l'expliquer aux autres. Les *deux dirigeants* dessinent l'image la stratégie *en même temps*. Une seule personne partage l'explication, cependant. Les dirigeants n'ont pas besoin d'examiner les leçons tirées pour *Faire des Disciples Radicaux* car ils sont l'élaboration de l'image.
- Lorsque la première personne dans la paire finit de dessiner et d'expliquer l'image de la stratégie de Jésus, la seconde personne fait la même chose. *Les deux partenaires* dessinent une nouvelle image pour la *deuxième fois*. Les partenaires doivent alors *se lever* et dire le verset à mémoriser ensemble 10 fois, d'après le modèle que vous avez enseigné plus tôt.

"Lorsque vous avez fini de dessiner l'image deux fois et dire le verset à mémoriser dix fois avec votre premier partenaire, trouvez un autre partenaire et pratiquez cette leçon avec eux de la même manière.

Lorsque vous avez fini de pratiquer avec votre second partenaire, trouvez un autre partenaire."

"Faites cela jusqu'à ce que vous ayez pratiqué le dessin et expliqué la stratégie de Jésus pour atteindre le monde avec quatre personnes différentes."

(Lorsque les dirigeants terminent cette activité, ils doivent avoir rempli le recto et le verso de leur papier, avec huit images de la stratégie de Jésus en tout.)

LA FIN

JÉSUS DIT "SUIVEZ MOI"

–Matthieu 9:9–
Alors que Jésus continuait, il vit un homme nommé Matthieu, assis au stand de collection de taxes. "Suis moi", il lui a dit, et Matthew se leva et le suivit.

"Les collectionneurs de taxes étaient quelques-unes des personnes les plus méprisées de l'époque de Jésus. Personne n'aurait cru que Jésus aurait pu appeler Matthieu parce qu'il était un collecteur d'impôts.

Le fait que Jésus ait appelé Matthieu nous montre qu'il se soucie plus du présent que du passé. Vous pouvez penser que Dieu ne peut pas veiller sur votre vie parce que vous avez commis trop de péchés. Vous pouvez vous sentir honteux des remarques que vous avez faites dans le passé. La bonne nouvelle, cependant, c'est que Dieu utilise toute personne qui choisit de suivre Jésus aujourd'hui. Dieu cherche des gens qui sont prêts à respecter et obéir.

Quand on suit quelqu'un, on copie sur lui ou sur elle. Un apprenti copie son maître pour apprendre un métier. Les élèves deviennent comme leurs enseignants. Chacun d'entre nous copie quelqu'un. La personne que nous copions est la personne que nous devenons.

Le but de Suivre l'Entraînement de Jésus est de montrer aux dirigeants comment copier Jésus. Nous croyons que plus nous copierons sur Lui, plus nous lui serons semblables. Donc, dans cet entraînement, nous poserons des questions par rapport à la direction, étudierons la Bible, découvrirons comment Jésus a mené les autres, et pratiquent en Le suivant.

- Posez la question à un chef de file respecté dans le groupe de finir la leçon par une prière de bénédiction et de dévouement pour suivre la stratégie de Jésus visant à atteindre le monde.

# 2

Entraînez Vous Comme Jésus

Un problème commun dans les églises qui grandissent ou des groupes qui ont besoin de plus de dirigeants. Les efforts visant à former les dirigeants sont souvent en deçà, car nous n'avons pas un processus simple à suivre. Le but de cette leçon est d'expliquer comment les dirigeants de Jésus sont formés, afin que nous puissions L'imiter.

Jésus a formé des dirigeants en leur demandant quels étaient les progrès accomplis dans leur mission et de discuter des problèmes auxquels les dirigeants sont confrontés. Il a également prié pour eux et les a aidés à faire des plans pour faire avancer la mission. Une partie importante de leur formation a été de pratiquer les habiletés dont ils auraient besoin dans leurs futurs ministères. Dans la Leçon 2, les dirigeants appliquent ce processus de formation de direction de leur groupe ainsi que la stratégie de Jésus pour atteindre le monde. Enfin, les chefs de file développent un "arbre de formation" qui contribue à coordonner la formation et de prièr pour les dirigeants qui sont en formation.

ÉLOGE

- Chantez deux chants de louange ensemble. Demandez un chef de file de prier pour cette session.

PROGRÈS

- Demandez à un autre chef de file dans la formation de partager un court témoignage (trois minutes) de la façon dont Dieu a béni son groupe. Après le témoignage du chef, demandez au groupe de prier pour lui ou elle.

PROBLÈME

"Les Eglises et les groupes reconnaissent qu'ils ont besoin de plus de meneurs, mais de nombreuses fois, ils ne savent pas comment en former de nouveaux. Les dirigeants actuels prennent de plus en plus de responsabilités et d'emploi jusqu'à ce qu'ils soient épuisés. Les partisants demandent aux dirigeants de faire de plus et plus avec de moins en moins jusqu'à ce que les dirigeants finalement abandonnent. Les églises et les groupes dans chaque culture et pays font face à ce problème régulièrement."

PLAN

"Nous pouvons apprendre à former des chefs passionnés et spirituels. Le but de cette leçon est de montrer comment les dirigeants de Jésus sont formés, afin que nous puissions Le copier."

Révision

Accueil
    Qui construit l'Eglise?
    Pourquoi est-ce important?
    Comment Jésus a bâtit Son Eglise?
        Soyez Fort en Dieu ✋
        Partagez l'Evangile ✋
        Faites des Disciples ✋
        Débutez des Groupes et des Églises ✋
        Développez des leaders ✋

> –I Corinthiens 11:1–Soyez mes imitateurs, comme je suis aussi de Christ. (NAS)

Comment Est ce que Jésus a entraîné les dirigeants?

> –LUC 10:17–
> QUAND LES SOIXANTE-DOUZE DISCIPLES REVINRENT, ILS JOYEUSEMENT QUI LUI SONT RAPPORTÉS, "SEIGNEUR, LES DÉMONS MÊMES NOUS OBÉISSENT QUAND NOUS UTILISONS VOTRE NOM!" (NLT)

PROGRÈS

> *"Les disciples revinrent de leur mission et ont fait état des progrès qu'ils avaient fait à Jésus. De la même façon, nous parlons avec les dirigeants nous formons. Nous montrons un intérêt personnel dans la façon dont leur famille est faite et les progrès réalisés dans leur ministère."*

 Progrès
    Mains sur les mains bougent vers le haut.

–Matthieu 17:19–
Après les disciples demandèrent à Jésus privé, "Pourquoi ne pourrions-nous chassé ce démon" (NLT)

PROBLÈMES

"Les disciples ont rencontré des problèmes lors de leur ministère et ont demandé à Jésus de les aider à comprendre pourquoi ils avaient échoué. De la même manière, nous demandons aux dirigeants de partager les problèmes auxquels ils sont confrontés afin que nous puissions chercher Dieu ensemble pour trouver des solutions."

 Problèmes
Placez vos mains de chaque côté de votre tête et faire semblant de tirer les cheveux.

–Luc 10:1–
Après ce Seigneur l'a nommé soixante-deux autres et les envoya deux par deux devant lui dans toutes les villes et le lieu où il était sur le point d'aller.

PLANS

"Jésus a donné aux disciples des plans simples, spirituels, et stratégiques à suivre dans leur mission. De la même façon, nous

aidons les dirigeants à faire un plan pour leur "tactique suivante" qui est simple, dépendante de Dieu, et aborde les problèmes auxquels ils sont confrontés."

 Plans
  Etalez votre main gauche comme le papier et "écriture" à ce sujet avec la main droite.

–JEAN 4:1-2–
JÉSUS SAVAIT LES PHARISIENS AVAIENT APPRIS QU'IL BAPTISAIT ET AVAIT PLUS DE DISCIPLES QUE JEAN (SI JÉSUS LUI-MÊME NE LES BAPTISAIT PAS -SES DISCIPLES L'ONT FAIT). (NLT)

PRATIQUE

"La découverte que les disciples, pas Jésus, ont baptisés de nouveaux croyants surprend de nombreux dirigeants. Dans plusieurs cas comme celui-ci, Jésus a permis aux disciples de pratiquer les tâches qu'ils effectuent, après qu'il soit retourné au ciel. De la même manière, nous donnons les dirigeants l'occasion de s'entraîner dans les compétences dont ils auront besoin quand ils retourneront dans leurs ministères. Nous leur donnons un 'lieu sûr' de pratiquer, de faire des erreurs, et de gagner de la confiance."

 Pratique
  Bouger les bras de haut en bas comme si vous souleviez des poids.

–LUC 22:31-32–
JÉSUS A DIT: "SIMON, ÉCOUTEZ-MOI! SATAN A RÉCLAMÉ LE DROIT DE TESTER CHACUN D'ENTRE VOUS, COMME L'AGRICULTEUR LE FAIT QUAND IL SÉPARE LE BLÉ DE LA BALLE. MAIS SIMON, J'AI PRIÉ POUR QUE VOTRE FOI SOIT FORTE. ET QUAND VOUS REVIENDREZ VERS MOI, AIDEZ LES AUTRES. "(CEV)

PRIÈRE

"Jésus savait déjà que Peter pourrait faire des erreurs et de faire face à la tentation d'abandonner. Jésus savait aussi que la prière était la clé de la puissance et de la persévérance dans notre marche avec Dieu. Prier pour ceux que nous menons est le support le plus important que nous puissions leur donner."

 Prière
Faire une classique "mains jointes" pose près de votre visage.

Verset à Mémoriser

–LUC 6:40–
LE DISCIPLE N'EST PAS AU-DESSUS DE SON MAÎTRE, MAIS TOUT LE MONDE QUI EST ENTIÈREMENT FORMÉ SERA COMME SON MAÎTRE. (HCSB)

- Tout le monde se lève et dit le verset à mémoriser dix fois ensemble. Les six premières fois, ils peuvent utiliser leur Bible ou les notes des élèves. Les quatre dernières fois, ils doivent dire le verset de mémoire. Tout le monde devrait dire la référence par rapport au verset avant de citer le

verset à chaque fois. Demandez aux dirigeants de s'asseoir quand ils ont fini.
- Suite à cette routine cela va aider les entraîneur pour savoir quelles équipes ont terminé la leçon la "Pratique".

Pratique

- Diviser les dirigeants en groupes de quatres.
- Marchez à travers le processus de formation d'entraîneurs étape par étape, en leur donnant 7-8 minutes pour discuter de chacune des sections suivantes.

VOTRE AVIS

"Quelles sont les cinq parties dans la stratégie de Jésus pour atteindre le monde?"

- Dessinez le schéma sur un tableau blanc alors que le dirigeant répond.

PROGRÈS

"Quelle partie de la stratégie de Jésus pour atteindre le monde est la plus facile pour mener à bien votre groupe?"

PROBLÈMES

"Partager les problèmes de votre groupe a été confronté à la suite de la stratégie de Jésus pour atteindre le monde. Quelle partie de la stratégie de Jésus est la plus difficile pour mener à bien votre groupe?"

PLANS

"Partagez une tâche où vous menerez votre groupe pour faire dans les 30 prochains jours qui les aideront à suivre la stratégie de Jésus pour atteindre le monde de manière plus efficacement."

- Tout le monde devrait enregistrer les plans de leurs partenaires afin qu'ils puissent prier pour eux plus tard.

PRATIQUE

"Partagez une compétence que vous pratiquez personnellement dans les 30 prochains jours pour vous aider à vous améliorer en tant que chef de file de votre groupe."

- Tout le monde enregistre l'entraînement de leurs partenaires afin qu'ils puissent prier pour eux plus tard.
- Après que chaque personne ait partagé la compétence qu'ils exercent, les membres du groupe se levent et disent le verset à mémoriser dix fois ensemble.

PRIÈRE

"Dans votre petit groupe, passer du temps à prier pour les plans des autres et pratiquerez votre compétence les 30 prochains jours afin de vous améliorer en tant que leader."

Fin

Arbre d'Entraînement

"L'Arbre de formation" est un outil utile pour organiser et prier pour les gens que nous formons pour devenir des chefs de file."

- Sur un tableau blanc, dessinez le tronc d'un arbre, les racines de l'arbre, et une ligne indiquant le niveau de l'herbe.

"Je commence à dessiner mon arbre de formation comme celui-ci. Dessinez un tronc, puis des racines, et enfin l'herbe. La Bible dit que nous sommes enracinés dans le Christ, alors je vais mettre son nom ici. Vu que ce dessin est mon arbre de formation, je mets mon nom sur le tronc."

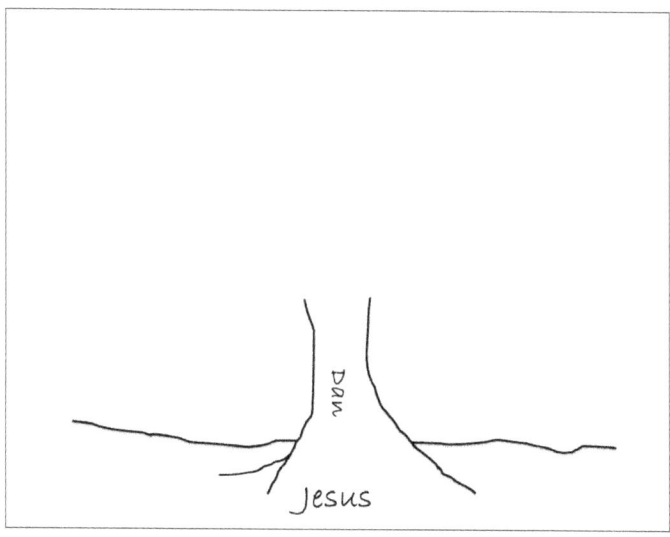

- Étiqueter la zone sous la racine "Jésus" et écrivez votre nom sur le tronc de l'arbre.

    "Jésus a investi la majorité de sa formation de direction avec trois personnes: Pierre, Jacques et Jean. Je veux L'imiter, alors je vais faire la même chose. Dieu m'a donné trois meneurs dans lesquels je dois investir la plupart de mon temps de formation."

- Dessinez trois lignes vers le haut et vers l'extérieur du tronc de l'arbre. Au sommet de chaque ligne, mettez le nom des trois principaux dirigeants que vous formez.

    "Jésus en a formé trois et leur a montré comment former d'autres personnes. Si chacun d'entre eux en ont formé trois autres (comme Jésus), cela nous en donne douze tous ensembles. Hmm. Jésus avait douze disciples. N'est pas intéréssant?"

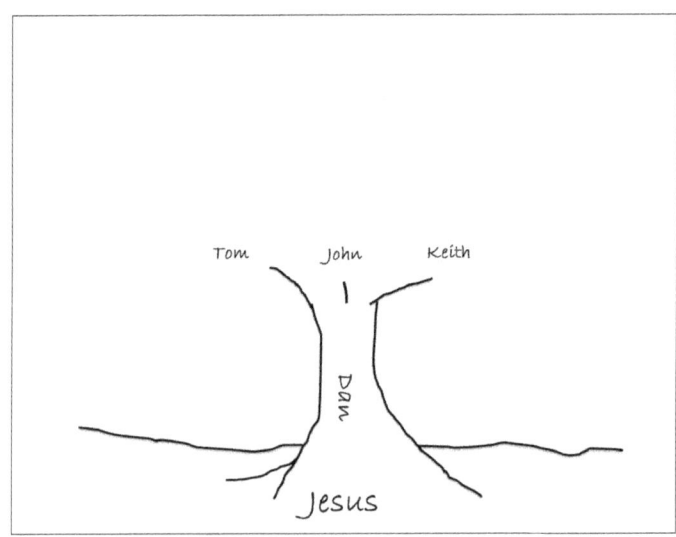

- Dessinez trois lignes vers le haut et vers l'extérieur de chacun des trois principaux dirigeants vous êtes en train de former. Marquez le haut de chaque ligne avec le nom d'une personne à vos principaux dirigeants sont la formation. Partagez les histoires du Saint-Esprit et ajoutez à l'esprit au sujet de votre arbre de formation. Dessinez les feuilles autour des membres pour compléter votre arbre.

"Maintenant, je voudrais que vous dessiniez votre propre "Arbre de formation". Vous pouvez avoir besoin d'écrire quelques-uns des noms "Par foi", mais faites de votre mieux pour avoir une douzaine de personnes sur l'arbre de la formation. Les trois premières branches sont les principaux dirigeants que vous formerez. Chacun de ces dirigeants a trois branches contenant les dirigeants qui passent la plupart de leur temps de formation.

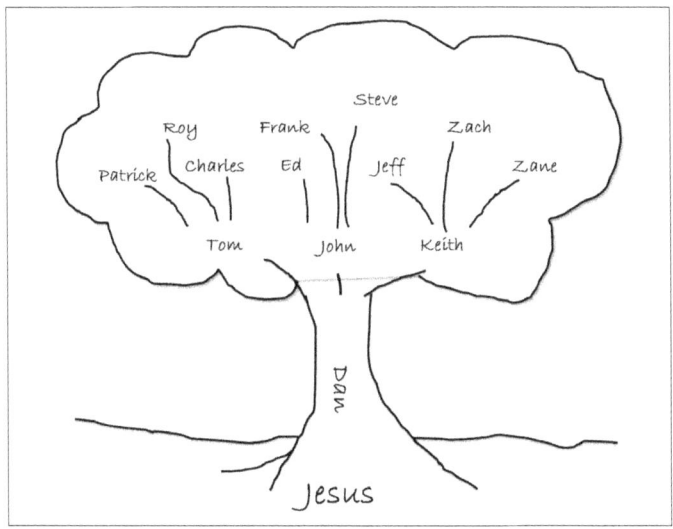

- Alors que les dirigeants dessinent leurs "arbres de formation", partagez ce qui suit:

    "Je me suis souvent demandé," Comment dois-je former des chefs de file?" Jésus a dit de demander et vous recevrez. Lui avez-vous demandé qu'il vous faut? Cette formation vous donnera les outils dont vous avez besoin de former des chefs de file.

    D'autres disent: "Je ne connais personne je peux m'entraîner comme un chef de file." Jésus a dit de chercher et vous trouverez. "Avez-vous été chercher les gens à former ou attendez vous qu'ils viennent à vous? Il a dit "chercher" et non "d'attente".

    D'autres demandent encore: "Où dois-je commencer la formation de leaders?" Jésus lui dit de frapper et la porte s'ouvrira à vous. Avez-vous frappé à la porte? Dieu nous bénira avec sa direction lorsque nous prenons la première étape de la foi.

    Le plus souvent, la raison nous n'avons pas un "Arbre de formation", c'est que nous n'avons pas demandé, frappé, ou en ont cherché un. Quand nous obéissons aux commandements de Jésus, à partir d'un cœur plein d'amour, Dieu nous donnera plus de possibilités de formation que nous pouvons imaginer.

    Cet outil vous aidera à coacher les autres dirigeants en cours, les problèmes, les plans, les pratiques, et la prière."

- Demandez à un chef de file dans le groupe pour fermer la session dans la prière.

    "Priez pour les dirigeants sur nos arbres de formation et les plans que nous avons faits dans nos petits groupes. Priez pour les choses que nous allons pratiquer et améliorer en tant que chef de file au cours du mois prochain."

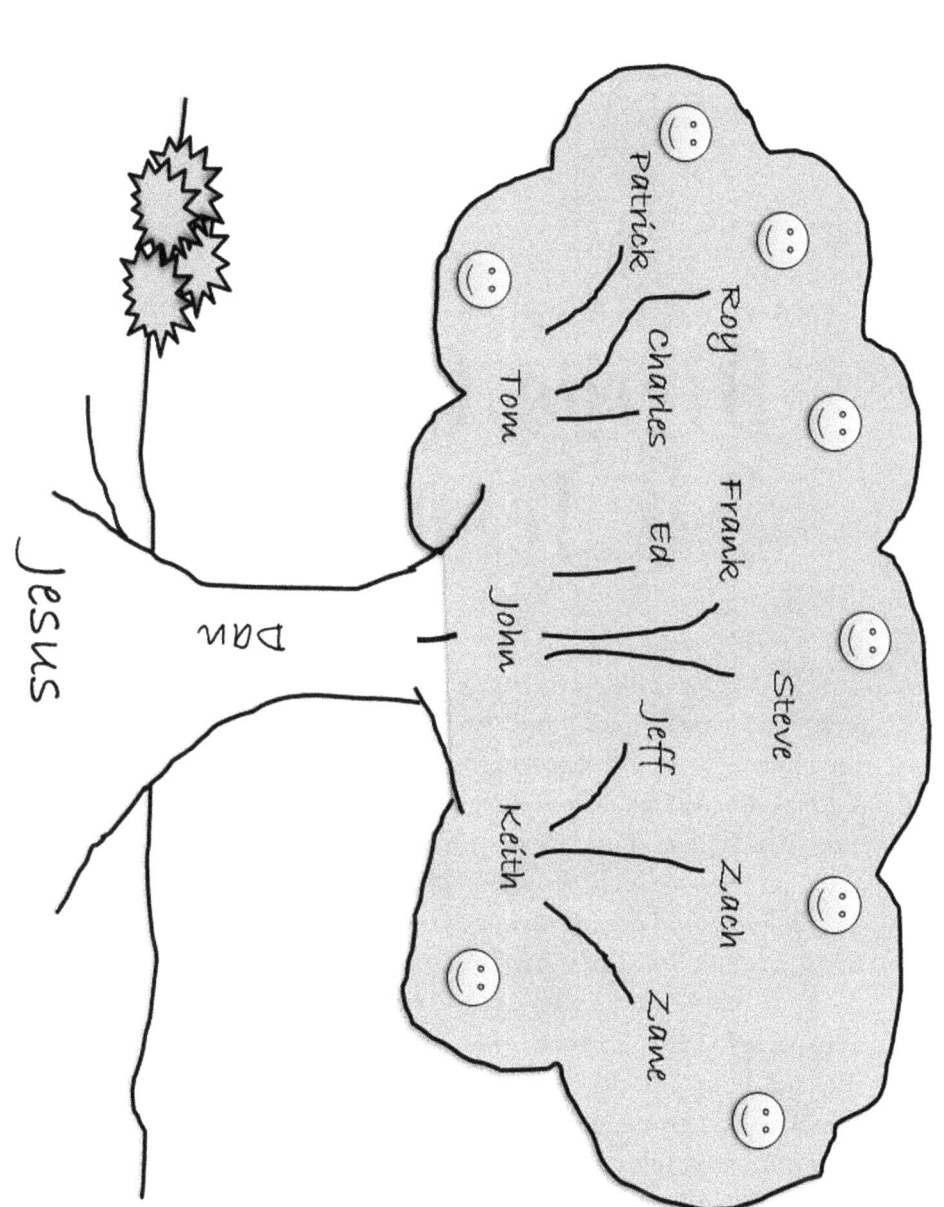

3

Dirige Comme Jésus

Jésus-Christ est le plus grand leader de tous les temps. Aucune personne n'a été influencée plus souvent que Lui. La leçon 3 présente les sept qualités d'un grand chef, basée sur le style de direction de Jésus. Les dirigeants réfléchissent alors sur les forces et les faiblesses de leurs propres expériences de direction. Un jeu de construction d'équipe termine la session d'enseignement avec la puissance de "direction partagée".

Tout monte et s;arrête sur le cœur du chef, c'est pourquoi nous observons la manière dont Jésus a conduit les disciples, afin que nous puissions L'imiter. Jésus les aima jusqu'à la fin, il comprist Sa mission, connaissait les problèmes dans le groupe, a donné à Ses disciples un exemple à suivre, face à la bonté, et Savait que Dieu bénissait Son obéissance. Tout découle de notre cœur. Par conséquent, l'attitude de notre cœur est là où nous devons commencer en tant que directeurs.

Éloge

- Chantez deux chants de louange ensemble. Demandez un chef de file de prier pour cette session.

Progrès

- Demandez à un autre chef de file dans la formation de partager un court témoignage (trois minutes) dans la façon dont Dieu a bénit son groupe. Après que le chef ne témoigne, demandez au groupe de prier pour lui ou pour elle.
- Alternativement, mettez en place un temps d'entraînement avec un chef de file en utilisant les "progrès, des problèmes du régime, de pratique, de prière" un processus de formation pour la direction.

Problème

"Le monde est plein de leaders avec différents styles de direction. En tant que disciple de Jésus, quel devrait être mon style de direction?"

Plan

"Jésus est le plus grand chef de file de tous les temps. Aucune personne n'a influencé plus de personnes plus souvent que lui. Dans cette leçon, nous allons voir comment Jésus a mené les autres, afin que nous puissions l'imiter."

Révision

Bienvenue
    Qui construit l'Eglise?
    Pourquoi est-ce important?
    Comment Jésus a t'il bâtit Son Eglise?
        Soyez Forts en Dieu ✋
        Partagez l'Évangile ✋
        Faites des Disciples ✋
        Débutez des Groupes et des Églises ✋
        Développez des chefs de file ✋

> *–I Corinthians 11:1–Be imitators of me, just as I also am of Christ. (NAS)*

Entraînez comme Jésus
    Comment est ce que Jésus a entraîné des chefs de file?
        Progrès ✋
        Problèmes ✋
        Plans ✋
        Pratique ✋
        Prière ✋

> *–Luc 6:40–Le disciple n'est pas plus que le maître, mais tout le monde qui est entièrement formé sera comme son maître. (HCSB)*

Qui Est ce Que Jésus A Désigné Comme Le Plus Grand Chef de File?

-Matthieu 20:25-28-
Mais Jésus les appela et leur dit: "Vous savez que les chefs de ce monde, il seigneur sur leurs personnes, et les fonctionnaires étalage de

LEUR AUTORITÉ SUR CEUX SOUS EUX. MAIS PARMI VOUS, CE SERA DIFFÉRENT. CELUI QUI VEUT ÊTRE UN CHEF DE FILE PARMI VOUS SERA VOTRE SERVITEUR, ET QUICONQUE VEUT ÊTRE LE PREMIER PARMI VOUS DEVEZ DEVENIR VOTRE ESCLAVE. CAR LE FILS DE L'HOMME N'EST PAS VENU POUR ÊTRE SERVI MAIS POUR SERVIR LES AUTRES ET DONNER SA VIE EN RANÇON POUR BEAUCOUP." (NLT)

"Le plus grand chef de file est le plus grand serviteur."

> Saluez comme un soldat, puis mettez vos mains ensembles et inclinez vous comme un serviteur.

Quelles Sont Les Sept Qualités d'un Grand Chef?

–JEAN 13:1-17–
¹C'ÉTAIT JUSTE AVANT LA FÊTE DE LA PÂQUE. JÉSUS SAVAIT QUE LE MOMENT ÉTAIT VENU POUR LUI DE QUITTER CE MONDE ET JE VAIS REJOINDRE MONPÈRE. AYANT AIMÉ LES SIENS QUI ÉTAIENT DANS LE MONDE, MAINTENANT IL LEUR A MONTRÉ TOUTE L'ÉTENDUE DE SON AMOUR.
²LE REPAS DU SOIR ÉTAIT SERVI, ET LE DIABLE AVAIT DÉJÀ INVITÉ JUDAS ISCARIOTE, FILS DE SIMON, POUR TRAHIR JÉSUS.
³JÉSUS SAVAIT QUE LE PÈRE AVAIT MIS TOUTES LES CHOSES EN SON POUVOIR, ET IL VENAIT DE DIEU ET IL RETOURNAIT VERS DIEU
⁴IL SE LEVA DU REPAS, ÔTA SON VÊTEMENT EXTÉRIEUR, ET ENVELOPPÉ D'UNE SERVIETTE AUTOUR DE SA TAILLE.
⁵APRÈS CELA, IL VERSA DE L'EAU DANS UN BASSIN ET IL COMMENÇA À LAVER LES PIEDS DE SES DISCIPLES,

et les essuyer avec le linge qui était enroulé autour de lui.

⁶Il vint donc à Simon Pierre, qui lui dit: "Seigneur, vas-tu me laver les pieds?"

⁷Jésus répondu, "Vous ne vous rendez pas compte de ce que je fais maintenant, mais plus tard vous comprendrez."

⁸"Non, "a déclaré Peter," vous ne pourrez jamais me laver les pieds. "Jésus lui répondit:" Si je ne te les lave pas, tu sera pas de mon coté."

⁹"Alors, Seigneur", Simon Pierre répondit: "Pas seulement mes pieds, mais aussi mes mains et ma tête!"

¹⁰Jésus répondit: "Une personne qui a pris un bain n'a besoin que de laver ses pieds, son corps entier est propre. Et vous êtes purs, mais pas que chacun de vous."

¹¹Vu qu'il savait qui allait le trahir, et c'est pourquoi il ne dit pas que tout le monde était propre.

¹²Lorsqu'il finit de laver leurs pieds, il mit ses vêtements et retourna à sa place. "Comprenez vous ce que j'ai fait pour vous?" il leur demanda.

¹³"Vous m'appelez 'Maître' et 'Seigneur', et à juste titre, car c'est ce que je suis.

¹⁴Maintenant que moi, votre Seigneur et le Maître, vous ai lavé les pieds, vous aussi devez laver vos pieds les uns les autres.

¹⁵Je vais vous donner un exemple où vous devrez faire comme je l'ai fait pour vous.

¹⁶Je vous dis la vérité, le serviteur n'est pas plus grand que son maître, ni l'apôtre plus grand que celui que je lui ait envoyé.

¹⁷Maintenant que vous savez cela, vous serez bénis si vous les faites.

1. DES GRANDS CHEFS DE FILE AIMENT LES GENS

"Dans le verset 1, Jésus et ses disciples ont partagé le dernier repas avant que Jésus ne soit crucifié. La Bible dit que Jésus les aima jusqu'à la fin et leur a montré combien il les aimait à ce souper.

En tant que chef de file, les gens peuvent être difficiles à aimer quand ils font des erreurs, mais Jésus aimait les gens, Il a conduit jusqu'à la fin.

En tant que chef de file, les gens peuvent être difficiles à aimer quand ils vous critiquent, mais Jésus aimait les gens, Il a conduit jusqu'à la fin.

En tant que leader, les gens peuvent être difficiles à aimer quand ils vous décevrons pas, mais Jésus aimait les gens, Il a conduit jusqu'à la fin."

🖐 Aimez les Gens
Tapez votre poitrine avec la main.

2. DE BONS CHEFS DE FILE CONNAISSENT LEUR MISSION

"Dans le verset 3, la Bible dit que Jésus savait où Il était venu, où Il allait, et que Dieu avait tout mis sous Sa puissance.

Jésus savait qu'Il était venu sur terre pour un but.

Jésus savait qu'Il était venu sur terre pour mourir sur la croix pour nos péchés.

Jésus savait qu'Il était venu sur terre pour vaincre Satan et nous ramener à Dieu.

Dieu donne à chaque personne une mission unique à remplir sur terre. Les grands chefs de file savent que leur mission et inspirent les autres à les suivre."

> ✋ Sachez leur mission
> Saluez comme un soldat et secouez la tête en disant "oui".

3. LES GRANDS CHEFS DE FILE SERVENT LEURS PARTISANS

"Au verset 4, Jésus se leva du repas et ôta ses vêtements extérieurs. Puis, il a enroulé une serviette autour de sa taille et se mit à laver les pieds des disciples.

Les dirigeants du monde attendent de leurs disciples pour les servir. Des dirigeants comme Jésus, cependant, servir leurs disciples.

Les dirigeants du monde exercent un contrôle et un pouvoir sur ceux qu'ils dirigent. Des dirigeants comme Jésus, cependant, l'autonomisation des personnes qui les suivent."

"Les dirigeants mondains se concentrent sur eux-mêmes et pas les gens qu'ils dirigent. En revanche, les dirigeants comme Jésus se concentrent sur les besoins de leurs partisans, sachant que Dieu répondra à leurs propres besoins comme ils s'occupent des autres. Dieu nous bénit pour que nous puissions bénir les autres."

> ✋ Servent leurs disciples
> Inclinez vous avec vos deux mains en position de prière classique.

4. DE BONS CHEFS DE FILE CORRIGENT AVEC GENTILLESSE

"Dans les versets 6 à 9, Peter fait plusieurs erreurs, mais à chaque fois, Jésus l'a corrigé avec gentillesse.

Peter dit à Jésus de ne pas lui laver les pieds. Jésus lui a dit qu'il était nécessaire pour leur amitié. Il l'a corrigé avec gentillesse.

Peter a alors dit à Jésus de laver le corps en entier. Jésus lui a dit qu'il était déjà propre, encore une fois le corrigeant avec bienveillance.

Les chefs du monde critiquent, blâment, et poussent les gens vers le bas. Des dirigeants comme Jésus corrigent avec gentillesse, encouragent leurs partisans, et mettent les gens en place."

> Corrigez avec gentillesse
> Faites un signe coeur avec votre index et les pouces des deux mains.

5. LES GRANDS CHEFS DE FILE CONNAISSENT LES PROBLÈMES ACTUELS DANS LE GROUPE

"Dans les versets 10 et 11, la Bible nous dit que Jésus savait que Judas était un problème dans le groupe et le trahirait.

Comprendre d'où les problèmes viennent dans un groupe et leur faire face est une partie importante de la direction. De nombreux dirigeants tentent de se cacher des problèmes auxquels ils sont confrontés à leur groupe, mais les problèmes ne font que s'agrandir.

Remarquez comment Jésus fait preuve de retenue dans ses relations avec Judas, sachant que Dieu est celui qui repaie les mauvaises actions, et non pas les dirigeants eux-mêmes."

> ✋ Problèmes dans le groupe
> Placez vos mains sur le côté de votre tête comme si vous aviez un mal de tête.

6. DE BONS CHEFS DE FILE DONNENT UN BON EXEMPLE À SUIVRE

"Dans les versets 12 à 16, Jésus a expliqué pourquoi il avait lavé les pieds des disciples. Il était leur chef, mais il leur lava les pieds, la tâche d'un fonctionnaire. Jésus montra aux disciples que la direction est aussi de servir l'un l'autre.

Les disciples reflètent et imitent leurs dirigeants. Si nous suivons Jésus, ceux qui nous suivent en tant que dirigeants suivent Jésus, tout aussi bien."

> ✋ Donnez un bon exemple
> Pointez vers le ciel et secouez la tête en disant "oui".

7. LES MEILLEURS CHEFS DE FILE SAVENT QU'ILS SONT BÉNIS

"Au verset 17, Jésus dit aux disciples que Dieu les bénisse et que ils ont mené d'autres en les servant.

Diriger les autres est parfois difficile, mais ceux qui suivent Jésus savent qu'ils sont bénis.

Diriger les autres est solitaire par moments, mais Jésus bénit ceux qui mènent avec Sa présence.

Les disciples ne sont n'apprécient pas toujours leurs dirigeants, mais Jésus promet le soutien de Dieu quand nous suivons son exemple de conduire en servant les autres."

- Savent qu'ils sont bénis
  Mains levées dans la louange au ciel.

Verset à Mémoriser

–JOHN 13:14-15–
MAINTENANT QUE MOI, VOTRE SEIGNEUR ET LE MAÎTRE, VOUS AI LAVÉ LES PIEDS, VOUS AUSSI DOIVENT SE LAVER LES PIEDS LES UNS. JE VOUS AI DONNÉ UN EXEMPLE QUE VOUS DEVEZ FAIRE COMME JE L'AI FAIT POUR VOUS.

- Tout le monde se lève et dit le verset à mémoriser dix fois ensemble. Les six premières fois, ils peuvent utiliser leur Bible ou les notes des élèves. Les quatre dernières fois, ils disent le verset de la mémoire. Dites le verset de référence avant de citer le verset à chaque fois et asseyez-vous lorsque vous avez terminé.
- Suite à cette routine, cela va aider les entraîneurs de savoir quelles équipes ont terminé la leçon "Pratique".

Pratique

- Divisez les dirigeants en groupes de quatre.

    "Maintenant, nous allons utiliser le processus de formation Jésus qui a l'habitude de pratiquer ce que nous avons appris dans cette leçon de direction."

- Dirigez les chefs de file à travers le processus de formation étape par étape, en leur donnant 7-8 minutes pour discuter de chacune des sections suivantes.

PROGRÈS

"Partagez avec votre groupe quelles sept qualités d'un grand chef de file sont les plus faciles pour vous."

PROBLÈMES

"Partagez avec votre groupe quelles sept qualités d'un grand chef sont les plus difficiles pour vous."

PLANS

"Partagez une tâche qui mènera votre groupe dans les 30 prochains jours qui les aideront à suivre l'exemple de Jésus dans sa direction."

- Tout le monde devrait enregistrer les plans de leurs partenaires afin qu'ils puissent prier pour eux plus tard.

PRATIQUE

"Partagez une compétences que vous pratiquez personnellement dans les 30 prochains jours pour vous aider à vous améliorer en tant que chef de file dans votre groupe."

- Tout le monde enregistre un élément pratique de leurs partenaires afin qu'ils puissent prier pour eux plus tard.
- Après que chaque personne a partagé la compétence qu'ils exercent, les membres du groupe se levent et disent le verset à mémoriser dix fois ensemble.

PRIÈRE

"Passez du temps à prier pour les plans des autres et de la qualité que vous pratiquerez les 30 prochains jours afin de vous améliorer en tant que chef de file."

FIN

Chinlone

- Demandez à six volontaires d'afficher leur capacité Chinlone du groupe. Aide les six à former un cercle en jouant dans le milieu de la pièce.

"Je me suis arrangé pour une équipe Chinlone célèbre de montrer leurs compétences. Applaudissons pour montrer notre appréciation pour ceux à venir."

- Disposez les joueurs avec une seule personne à l'avant du groupe comme le "chef de file". Demandez aux autres de faire deux rangées faisant face au chef de file.

    "Tout d'abord, notre célèbre équipe Chinlone va montrer comment jouer Chinlone la façon "grecque". Écoutez les règles qu'ils vont suivre. Chaque personne doit frapper le ballon Chinlone au dirigeant. Après que le chef ne reçoive la balle, il donnera le coup de balle à un autre joueur. Nous allons pénaliser les joueurs qui vont lancer le ballon à d'autres joueurs, plutôt qu'au chef de file. "

- Demandez à l'équipe de montrer la façon "grecque" de jouer Chinlone. Jouer Chinlone de cette façon sera difficile et sera une source de confusion pour les joueurs. D'une façon humoristique, choisir des gens qui frappent la balle à quelqu'un d'autre que le chef de file. Criez "Pénalty!" Corrigez leur erreur et montrez qu'ils doivent seulement frapper le ballon au chef de file.

    "Qu'est-il arrivé quand ils ont joué Chinlone de cette façon?" (Jouer le jeu avec ces règles a été difficile. Les joueurs ont paru s'ennuyer. Ce n'était pas amusant)

- Maintenant, demandez aux joueurs de former un cercle régulier Chinlone, mais mettez le "chef de file" au milieu.

    "Cette fois, nous aurons le groupe Chinlone qui effectuera de façon hébraïque, mais avec un chef de file qui essaie de tout contrôler. Nous allons utiliser les mêmes règles que précédemment - les joueurs doivent frapper la balle au chef qui donne la lancer aux autres".

- L'équipe sera plus efficace cette fois-ci, mais le chef de file va montrer des signes de fatigue après quelques minutes de jeu. Appelez les pénalties d'une manière humoristique si les joueurs frappent la balle à quelqu'un d'autre que le chef de file.

"Qu'est-il arrivé quand ils ont joué Chinlone de cette façon?" (Le chef a travaillé dur et a obtenu très fatigué. Les joueurs ont fait beaucoup d'erreurs. Il était ennuyeux.)

- Ayez des joueurs en formant un cercle traditionel de Chinlone avec chaque personne, y compris le chef de file, dans le cercle. Dites-leur qu'ils n'ont pas à frapper le ballon au chef à chaque fois. Demandez-leur de jouer Chinlone de la façon dont ils l'ont toujours fait.

"Maintenant, nous aurons la célèbre équipe Chinlone montrant comment jouer Chinlone la vraie voie hébraïque."

- Laissez-les jouer pendant plusieurs minutes jusqu'à ce que tout le monde pendant le séminaire s'amuse à les regarder et de faire des commentaires au sujet de leur jeu.

"Qu'est-il arrivé quand ils ont joué Chinlone de cette façon? (Toute l'équipe nous a rejoint. L'équipe entière avait du succès. Ils ont fait quelques jeux incroyables.)

La troisième façon de jouer Chinlone est un bon exemple de dirigeant serviteur. Le chef de file aide tout le monde dans le groupe à participer et à contribuer. Le chef de file ne parvient pas à tout faire, mais donne aux autres la liberté d'exprimer leur style unique. C'est l'exemple de direction que Jésus nous a donné à suivre."

- Demandez à un chef de file dans le groupe pour fermer la session dans la prière.

"Priez pour nous tous en tant que dirigeant pour mener comme Jésus et pour les plans que nous avons faits dans nos petits groupes. Priez aussi pour les compétences que nous pratiquons pour nous améliorer en tant que chef de file au cours des 30 prochains jours."

★Chinlone est le nom d'un jeu typiquement joué par les hommes au Myanmar. Les participants forment un cercle et passent une canne à bille à l'autre en utilisant seulement leurs pieds. Le but de Chinlone est d'empêcher le ballon de tomber sur le sol aussi longtemps que possible. Les joueurs ont souvent fait des coups spéciaux et en se déplaçant pour impressionner les autres. L'hauteur et la précision de la passe apporte le plus d'applaudissements des spectateurs et des participants.

Les gens jouent Chinlone dans toute l'Asie, mais chaque pays a un nom différent pour le match. Vérifiez avec les résidents locaux pour savoir le nom du jeu dans la zone où vous êtes de formation.

Si vous êtes des leaders en formation dans un domaine qui n'a pas de jeu comme "Chinlone," vous pouvez le remplacer par un sac pour la balle. Utilisez un ballon pour mener à bien le point de la même formation.

4

Devenez Fort

Les dirigeants que vous formez sont les groupes principaux et apprendre comment d'autres dirigeants peuvent être exigeants. Les dirigeants font face à une guerre spirituelle en dehors de leur groupe et les différences de personnalité au sein du groupe. Une clé pour une efficace direction est d'identifier de différents types de personnalité et d'apprendre à travailler ensemble efficacement en tant qu'équipe. La leçon "devenez fort" donne aux dirigeants un moyen simple pour aider les gens à découvrir leur type de personnalité. Lorsque nous comprenons comment Dieu nous a créés, nous avons de forts indices sur la façon dont nous pouvons devenir plus fort avec Lui.

Il existe huit types de personnalité: soldat, chercheur, berger, semeur, fils / fille, le saint, le serviteur, et l'intendant. Après avoir aidé les dirigeants à découvrir leur type de personnalité, les formateurs de parlent des qualités et des faiblesses de chaque type. Beaucoup de gens supposent que Dieu aime le type de personnalité que leur culture valorise le plus. D'autres dirigeants estiment que la capacité de direction dépend de leur personnalité. Ces croyances limitées ne sont tout simplement pas vraies. La séance se termine en insistant sur le fait que dirigeants devraient traiter les gens en tant qu'individus. La formation à la direction doit répondre aux besoins individuels et ne pas être une taille pour tous.

ÉLOGE

- Chantez deux chants de louanges ensemble. Demandez à un chef de file de prier pour cette session.

PROGRÈS

- Demandez à un autre chef de file de partager à travers un court témoignage (trois minutes) de la façon dont Dieu bénit son groupe.
- Alternativement, mettez au point un temps d'entraînement avec un chef de file en utilisant les "progrès, des problèmes du régime, de pratique, de prière" modèle de formation en direction.

PROBLÈME

"Les dirigeants s'attendent souvent à tort à ce que leurs partisans agissent et réagissent de la même manière. Dieu, cependant, a créé les gens avec de nombreuses personnalités différentes. Une des clés pour une direction efficace est de reconnaître différents types de personnalité et apprendre à travailler plus efficacement avec eux en tant qu'équipe.

Jésus est un fils et veut de l'amour et l'unité d'abonder dans sa famille. Comprendre différentes personnalités nous aidera à aimer les autres plus."

Plan

"Dans cette leçon, nous allons apprendre huit types de personnalité différents. Vous découvrirez quel type de personnalité Dieu vous a donné, et comment aider les autres à reconnaître leur propre type de personnalité. Chaque croyant peut devenir plus fort envers le Seigneur quand ils comprennent comment Dieu les a crées."

Révision

Bienvenue
    Qui construit l'Eglise?
    Pourquoi est-ce important?
    Comment Jésus bâtit Son Église?
        Soyez Forts en Dieu ✋
        Partagez l'Évangile ✋
        Faites des Disciples ✋
        Commencez des Groupes et des Églises ✋
        Développer des leaders ✋

> –I Corinthiens 11:1–Soyez mes imitateurs, comme je suis aussi de Christ. (NAS)

Entraînez-Vous Comme Jésus
    Comment est ce que Jésus a entraîné ses chefs de file?
        Progrès ✋
        Problèmes ✋
        Plans ✋
        Pratique ✋
        Prière ✋

> –Luc 6:40–Le disciple n'est pas plus que le maître, mais tout le monde qui est entièrement formé sera comme son maître. (HCSB)

Dirigez comme Jésus

Qui est ce que Jésus a désigné en tant que plus grand chef de file? 🖐

Quelles sont sept qualités d'un grand chef?
1. Les grands chefs de file Aiment Les gens 🖐
2. Les grands chefs de file connaissent leur mission 🖐
3. Les grands chefs de file servent leurs disciples 🖐
4. Les grands chefs de file corrigent avec gentillesse 🖐
5. Les grands chefs de file connaissent les problèmes actuels dans le groupe 🖐
6. Les grands chefs de file donnent un bon exemple à suivre 🖐
7. Les grands chefs de file savent qu'ils sont bénis 🖐

–John 13:14-15–Maintenant que moi, votre Seigneur et le Maître, vous ai lavé les pieds, vous aussi doivent se laver les pieds les uns. Je vous ai donné un exemple que vous devez faire comme je l'ai fait pour vous.

Quelle Personnalité Est Ce Que Dieu Vous A Donné?

- Demandez aux dirigeants de dessiner un grand cercle sur une feuille de papier propre dans leurs cahiers.

"Le cercle que je dessine représente toutes les personnes dans le monde."

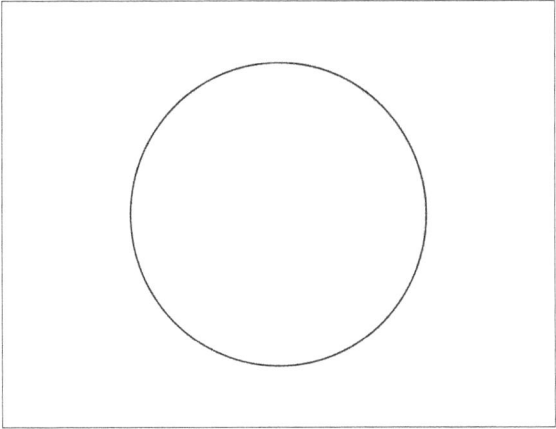

- Demandez aux dirigeants de tracer une ligne horizontale qui coupe le cercle en deux. Étiquetez le côté droit du cercle des "relations" et étiquetez le côté gauche du cercle "tâches".

"Toute personne finit dans l'un des deux groupes: les personnes qui sont plus "concentrées sur les tâches" et des gens qui sont plus "concentrées sur les relations." Dieu a créé deux types de personnalités, de sorte qu'aucun des deux n'est meilleur ou pire, c'est juste la façon dont Dieu a crée les gens. Choisissez un point sur la ligne que vous pensez qui représente le mieux le genre de personne vous êtes."

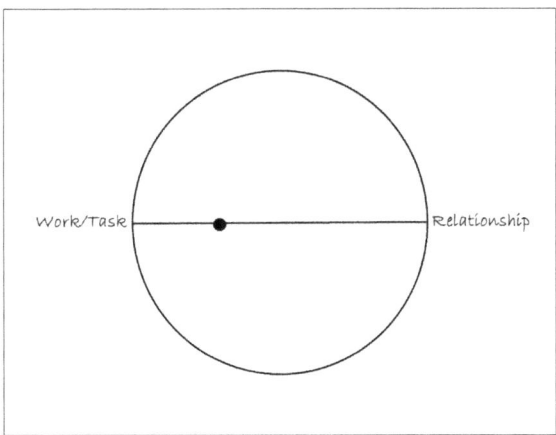

(Une personne plus concentrée sur la tâche mettra un point sur la ligne plus sur le côté gauche. Une personne plus centrée sur la relation mettra un point sur la ligne sur le côté droit. Si la personne est entre la moitié de la ligne de relation et la moitié de la ligne de la tâche, sont dites de placer leur marque à proximité de la ligne médiane, mais sur un côté ou de l'autre.)

"Partagez vos résultats avec un voisin et vérifiez si votre voisin est d'accord avec le point que vous avez choisi. Prenez environ cinq minutes pour faire cela."

- Demandez aux dirigeants de tracer une ligne verticale qui coupe le cercle en quatre parties égales. Marquez le haut du cercle "extravertie" et le fond du cercle "introverti".

"Tout ceux qui tombent aussi dans deux autres groupes: ceux qui sont plus orientés vers l' "extérieur" (extravertis) et ceux qui sont plus orientés vers l'"actif" (introvertis). Aucune concentration n'est meilleure ou pire que l'autre. C'est juste la façon que Dieu a crée les gens.

Choisissez l'endroit sur la ligne verticale qui représente votre préférence au mieux."

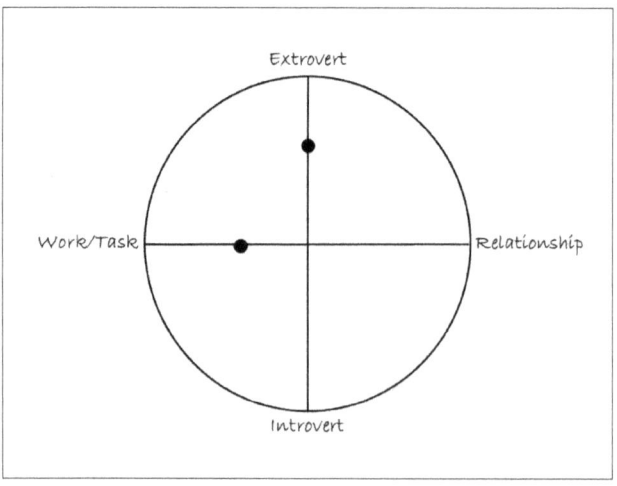

(Une personne extravagante pourrait marquer plus près du sommet du cercle. Une personne introvertie ferait une marque vers le bas du cercle. Si la personne est à moitié extravertie et à demi introvertie, leur dit de mettre leur marque à proximité de la ligne médiane, d'un côté ou l'autre.)

"Partagez vos résultats avec un voisin et voir si votre voisin est d'accord avec le point que vous avez choisi. Prenez environ trois minutes pour faire cela."

- Demandez aux dirigeants de dessiner deux lignes diagonales (un "X") qui va maintenant diviser le cercle en huit morceaux égaux.
- Les chefs de file dessinent alors une zone en pointillés afin de déterminer sur quelle pièce leur personnalité tombe.

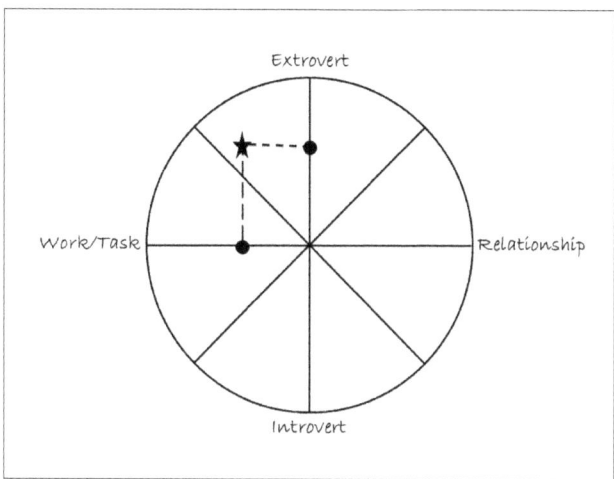

- À partir de la tranche 9:00-10:30, allez dans le sens horaire et expliquez les huit sortes de personnalités suivantes:
- Écrivez le nom de la personnalité de type dans le vide comme nous vous avons expliqué leurs qualités positives et négatives.

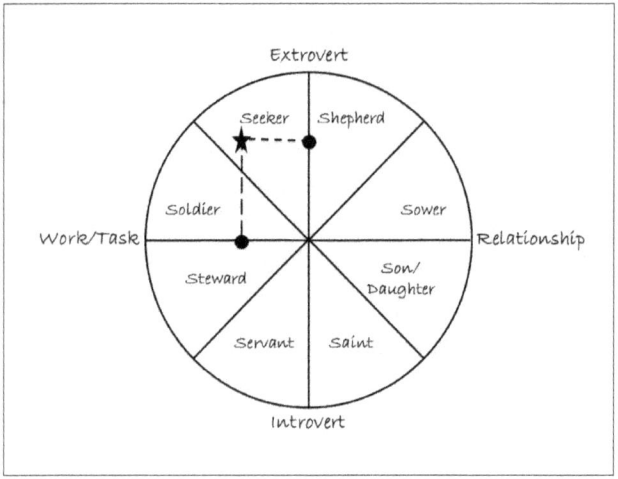

SOLDAT

- Importante tâche, un peu plus vers l'extérieur que vers l'intérieur.
- Positif: Voit ce qui est nécessaire pour la victoire, déterminé et honorable, "tout ce qu'il faut" attitude.
- Négatif: Peut être dominant et insensible, peut gagner la bataille mais perdre la guerre.

CHERCHEUR

- Hautement extravertie, un peu plus vers la tâche que la relation.
- Positif: Voit de nouvelles opportunités, ainsi que les réseaux, est un entrepreneur.
- Négatif: Peut rechercher le plaisir, peut-être incapable de se concentrer sur une tâche, peut penser que la nouvelle est toujours préférable.

BERGER

- Très etravertie, un peu plus ver la relation que la tâche.
- Positif: Fait attention aux besoins spirituels des gens qui l'entourent, apprécie des groupes de direction, et excelle à encourager les gens dans leurs luttes émotionnelles.
- Négatif: Peut être autoritaire, peut commencer des cliques, peut avoir du mal à coopérer avec le chef de file existant.

SEMEUR

- Grande relation, un peu plus vers extravertie qu'introverti.
- Positif: voit un potentiel dans les gens, les entraîneurs, l'amélioration constante de soi.
- Négatif: Peut faire des problèmes, a du mal avec le découragement, nous parle de sujets de prédilection trop souvent.

FILS OU FILLE

- Grande relation, un peu plus intraverti qu'extraverti.
- Positif: Voit ce qu'il faut dans les autres de se sentir "faisant partie de la famille", maintient la paix, et souligne l'importance de l'individu.
- Négatif: Peut croire que sa famille est "meilleure", peut-être jaloux et ne pas avoir confiance en soi.

SAINT

- Très introverti, un peu plus concentré sur la relation que la tâche.
- Positif : Voit les façons dont les gens peuvent se connecter à Dieu, suit les traditions, est la voix morale de la communauté.
- Négatif : Peut apparaître "plus saint que toi", aux prises avec l'acceptation des autres, parfois légaliste.

SERVITEUR

- Très introverti, un peu plus concentré sur la tâche que la relation.
- Positif : Voit comment répondre aux besoins physiques des gens, loyal, fonctionne mieux dans les coulisses.
- Négatif : Sert les autres mais ne peut pas prendre soin de sa propre famille, accepte lentement le changement, a des difficultés à avoir de la perspective.

INTENDANT

- Concentré sur sa tâche, un peu plus introverti qu'extraverti.
- Positif : Voit la meilleure façon d'organiser ses ressources, est sage et pratique.
- Négatif : Peut s'enliser dans la bureaucratie, manque d'empathie, ou peut mettre la priorité sur le lieu qui a besoin d'organisation que sur les besoins réels des personnes.

"Montrez à votre partenaire un des huit types de personnalité que vous aimez et donnez des exemples."

Quel Type de Personnalité Est ce Que Dieu Aime le Plus?

- Permet aux dirigeants de débattre sur ce sujet. Leurs réponses vous donneront de la perspicacité dans leur culture. Chaque culture tend d'ajouter de la valeur à une ou deux des images du Christ plus que le reste.

    "Dieu a crée chaque type de personnalité et après avoir terminé, il dit: 'C'est bien.' Ils sont tous son favori."

Quel Type de Personnalité Fait Le Meilleur Chef?

- *Demandez aux dirigeants de discuter ce sujet. Habituellement, deux ou trois images du Christ vont s'imposer comme favorites. Les dirigeants vont débattre que ces deux ou trois types de personnalités sont les meilleures pour un chef de file. Nous avons trouvé des réponses qui varient considérablement entre les cultures occidentale et orientale. Après que le groupe ait communiqué ses pensées, ils partagent leur vision avec le groupe.*

    "Beaucoup de gens sont surpris de découvrir que vous pourriez être un chef de file exceptionnel avec une de ces huit types de personnalité. Le chef de file ne dépend pas de sa personnalité. Je pourrais vous emmener à huit méga-églises en Amérique qui ont une fréquentation de plus de 5.000 personnes chaque semaine. La plupart des gens diraient que ces églises sont dirigées par des grands chefs de file. Si vous avez parlé avec de différents pasteurs, vous découvrirez que chacun d'entre eux avait une personnalité différente. Chacun dirige avec une image différente du Christ. La personnalité n'est pas ce qui fait un bon chef de file. Un bon chef de file est une personne qui peut conduire toute l'équipe à travailler ensemble et de réussir. Jésus est le plus grand chef de tous les temps. Suivez le et vous aussi deviendrez un grand chef de file."

Verset à Mémoriser

> –ROMAINS 12:04-5–
> CHACUN DE NOUS A UN SEUL CORPS AVEC PLUSIEURS MEMBRES, ET CES MEMBRES N'ONT PAS TOUS LA MÊME FONCTION, TOUT COMME LE CHRIST, NOUS QUI SOMMES PLUSIEURS DANS UN SEUL CORPS, ET CHAQUE MEMBRE APPARTIENT À TOUS LES AUTRES.

- Tout le monde se lève et dit le verset à mémoriser dix fois ensemble. Les six premières fois, ils peuvent utiliser leur Bible ainsi que les notes des élèves. Les quatre dernières fois, ils disent le verset de la mémoire. Dites le verset de référence avant de citer le verset à chaque fois et asseyez-vous lorsque vous avez terminé.
- Suivre cette routine va aider les entraîneurs à savoir quelles équipes ont terminé la leçon "Pratique".

PRATIQUE

- Divisez les dirigeants en groupes de quatre. Demandez-leur d'utiliser le processus de formation avec la leçon de direction.
- Accompagnez les chefs de file à travers le processus de formation étape par étape, en leur donnant 7-8 minutes pour discuter de chacune des sections suivantes.

PROGRÈS

"Partager un des huit types de personnes qui vous ressemblent le plus et donnez des exemples."

PROBLÈMES

"Partagez un des huit types de personnes qui sont moins similaires et donnez des exemples."

PLANS

"Partagez un plan simple pour trouver les différents types de personnalité de votre groupe dans les prochains mois."

- Tout le monde prend note des plans que les autres ont afin qu'ils puissent prier pour leurs partenaires plus tard.

PRATIQUE

"Partagez une tâche que vous ferez dans les 30 prochains jours pour vous aider à améliorer en tant que chef de file dans ce domaine."

- Tout le monde enregistre l'entraînement de de leurs partenaires afin qu'ils puissent prier pour eux plus tard.
- Les dirigeants se levent et disent le verset à mémoriser dix fois ensemble après que tout le monde ait partagé la qualité avec laquelle ils s'entraînent.

PRIÈRE

"Passez du temps à prier pour les plans des autres et de la compétence que vous voulez pratiquer dans les 30 prochains jours afin de vous améliorer en tant que chef de file."

Fin

Le Cheeseburger Américain ~

> *"Demandez aux dirigeants de prétendre que vous êtes dans un restaurant. Faites ces dirigeants se déplacer en groupes de trois ou quatre et expliquez que leurs groupes sont des "tables" où ils mangent. Dites-leur que vous êtes le maître d'hôtel et que vous allez prendre leur commande."*

- Mettez une serviette sur votre bras, allez à la première table, et demandez leur ce qu'ils aimeraient manger. Peu importe ce qu'ils ordonnent, dites: "Désolé, nous n'avons plus rien de ce produit maintenant, je vais vous donner un Cheeseburger Américain à la place."
- Après plusieurs tables, la plupart des gens commandent des Cheeseburgers Américains parce qu'ils réalisent que c'est tout ce que vous avez.

> *"Ce sketch illustre une erreur de direction commune. Les dirigeants s'attendent à ce que tout le monde agisse et soit le même, mais Dieu a crée chaque personne différemment. Les bons chefs de file apprennent à travailler avec des gens ayant des personnalités différentes. Ils apprennent aux gens comment coopérer et respecter leurs différences."*

- Demandez à un des dirigeants de prier pour Thanksgiving pour les différentes façons que Dieu a crée les gens.

5

Plus Forts Ensemble

Les chefs de file ont découvert leur type de personnalité dans la dernière leçon. "Plus forts ensemble", montre comment les dirigeants ayant ce type de personnalité interagissent avec les autres. Pourquoi est ce que les gens ont huit différentes sortes de personnalités dans le monde? Certains disent que l'arche de Noé a tenu huit personnes tandis que d'autres disent que Dieu a fait un type de personnalité à chaque point de la boussole - nord, nord, est, etc... Nous pouvons l'expliquer tout simplement. Le monde dispose de huit différents types de personnalités, parce que Dieu a créé les gens à son image. Si vous voulez voir à quoi ressemble Dieu, la Bible nous dit de regarder Jésus. Les huit types de personnalité de base dans le miroir du monde avec les huit images de Jésus.

Jésus est comme un soldat - commandant en chef de l'armée de Dieu. Il est comme un chercheur - dans la recherche et sauver les perdus. Il est comme un berger - donnant de la nourriture à ses disciples, l'eau, et de repos. Jésus est comme un semeur - il sème la

Parole de Dieu dans nos vies. C'est un fils – Dieu l'a appelé bien-aimé et nous a ordonné de l'écouter. Jésus est le sauveur et nous appelle à le représenter dans le monde comme des saints. C'est un serviteur – obéissant à son Père, jusqu'à la mort. Enfin, Jésus est comme un maître d'hôtel – de nombreuses paraboles sont sur la gestion des temps, d'argent, ou des personnes.

Chaque chef de file assume sa responsabilité d'aider les gens à travailler ensemble. Un conflit se produit inévitablement entre les différentes personnalités, car ils voient le monde différemment. Les deux façons les plus courantes où les gens font face à un conflit sont d'éviter ou se combattre les uns des autres. Une troisième façon de gérer les conflits, est d'être conduits par l'Esprit de Dieu, est de trouver des solutions à cet égard et d'affirmer chaque type de personnalité. La séance se termine par un concours de théâtre qui montre cette vérité d'une manière humoristique. Le schéma "huit images du Christ" nous aide à comprendre comment mieux aimer les autres. C'est le travail de tous les disciples de Jésus.

Éloge

- Chantez deux chants de louanges ensemble. Demandez à un chef de file de prier pour cette session.

Progrès

- Demandez à un autre chef de file dans la formation de partager un court témoignage (trois minutes) de la façon dont Dieu a bénit son groupe. Après le témoignage du chef de file, demandez au groupe de prier pour lui.
- Alternativement, modélisez un moment d'entraînement avec un chef de file en utilisant les "progrès, des problèmes du régime, de la pratique, de la prière" en tant que modèle de formation pour devenir chef de file.

Problème

"Nous avons appris ces huit différents types de personnalité dans la dernière leçon. Cette connaissance nous aide à comprendre comment un conflit se produit dans un groupe. Rien n'arrête une mission ou un ministère plus vite que les conflits. Les gens s'échauffent et se dont mal l'un à l'autre. Puis, la mission ou le ministère commence à bouger au ralenti."

Plan

Jésus est le Sauveur et appelle ses disciples à être des saints le représentant dans le monde. Le monde sait que nous sommes Chrétiens par la façon dont nous traitons les conflits ainsi. Le plan de cette leçon est de vous montrer pourquoi les conflits qui se passe et comment gérer les désaccords quand ils viennent.

Révision

Bienvenue
> Qui construit l'Eglise?
> Pourquoi est-ce important?
> Comment Jésus bâtit Son Église?
>> Soyez Forts en Dieu 🖐
>> Partagez l'Évangile 🖐
>> Faire Disciples 🖐
>> Commencez des Groupes et Églises 🖐
>> Développez vous en tant que chefs de file 🖐
>
>> *–I Corinthiens 11:1–Soyez mes imitateurs, comme je suis aussi de Christ. (NAS)*

Entraînez-vous comme Jésus
Comment est ce que Jésus a entraîné ses dirigeants?
- Progrès ✋
- Problèmes ✋
- Plans ✋
- Pratique ✋
- Prière ✋

> –Luc 6:40–Le disciple n'est pas plus que le maître, mais tout le monde qui est entièrement formé sera comme son maître. (HCSB)

Dirigez comme Jésus
Qui a dit que Jésus était le plus grand chef de file? ✋
Quelles sont sept qualités d'un grand chef?
1. Les grands chefs de file Aiment les gens ✋
2. Les grands chefs de file connaissent leur mission ✋
3. Les grands chefs de file servent leurs disciples ✋
4. Les grands chefs de file corrigent avec gentillesse ✋
5. Les grands chefs de file connaissent les problèmes actuels dans leur groupe ✋
6. Les grands chefs de file donnent un bon exemple à suivre ✋
7. Les grands chefs de file savent qu'ils sont bénis ✋

> –John 13:14-15–Maintenant que moi, votre Seigneur et le Maître, vous ai lavé les pieds, vous aussi doivent se laver les pieds les uns. Je vous ai donné un exemple que vous devez faire comme je l'ai fait pour vous.

Devenez Fort

Quelle Personnalité Est ce Que Dieu Vous A Donné?
- Soldat
- Demandeur
- Berger
- Semeur
- Fils / fille
- Saint
- Serviteur
- Steward

Quel type de personnalité est ce que Dieu aime le plus?
Quel type de personnalité fait le meilleur chef de file?

> –Romains 12:04-5– Tout comme chacun de nous a un seul corps avec plusieurs membres, et ces membres n'ont pas tous la même fonction, donc dans le Christ, nous qui sommes plusieurs un seul corps, et chaque membre appartient à tous les autres.

Pourquoi Y a t'Il Huit Sortes De Personnes Dans Le Monde?

> –Genèse 1:26–
> Puis Dieu dit: "Créons l'homme à notre image, selon notre ressemblance."

> –Colossiens 1:15–
> Il (Jésus) est l'image invisible de Dieu, le Premier-né de toute la création.

"L'homme est créé à l'image de Dieu. Si vous voulez voir l'image invisible de Dieu, regardons Jésus. Même dans notre état déchu, nous nous demandons qui est Jésus. Il y a huit images de Jésus dans la Bible qui nous aident à savoir ce comment est Jésus."

Comment est Jésus?

SOLDAT

–Matthieu 26:53–
Ou pensez-vous que je ne peux pas faire appel à mon Père, et qu'il me donnerait plus de 12 légions d'anges? (HCSB)

🖐 Soldat
   Levez votre épée

CHERCHEUR

–Luc 19:10–
Car le Fils de l'homme est venu chercher et sauver ce qui était perdu "(NAS).

🖐 Chercheur
   Regardez en arrière et en avant avec votre main devant vos yeux.

BERGER

–Jean 10:11–
Je suis le bon berger. Le bon berger donne sa vie pour ses brebis.

🖐 Berger
   Mettez les bras tout le lond du corps comme si vous rassembliez des gens.

SEMEUR

–Matthieu 13:37–
Et Il dit: "Celui qui sème la bonne semence, c'est le Fils de l'homme," (NAS)

✋ Semeur
Lancez les graines avec vos mains.

FILS OU FILLE

–Luc 9:35–
Une voix partit de la nuée, disant: "Ceci est mon Fils, celui que j'ai choisi, écoutez-le."

✋ Fils
Placez les mains vers la bouche, comme si vous mangiez.

SAUVEUR/SAINT

–Marc 8:31–
Il a ensuite commencé à leur apprendre que le Fils de l'homme doit beaucoup souffrir et être rejeté par les anciens, grands prêtres et les enseignants de la loi, et qu'il doit être tué et, après trois jours, sera ressuscité.

"Nous avons été appelés à être saints, ce qui représentent Son travail pour le Salut pour le monde entier."

✋ Sauveur / Saint
Mettez les mains dans une classique pose "mains jointes".

SERVITEUR

–JOHN 13:14-15–
"Maintenant que moi, votre Seigneur et le Maître, vous ai lavé les pieds, vous aussi devez vous laver les pieds les uns les autres. Je vous ai donné un exemple où vous devez faire comme je l'ai fait pour vous.

🖐 Serviteur
Bougez un marteau.

INTENDANT

–LUC 6:38–
"Donnez, et il cel vous sera donné. Une bonne mesure, serrée, secouée et qui déborde, sera versée pour vous. Pour la mesure que vous utilisez, il sera mesuré à vous."

🖐 Steward
Prenez de l'argent de votre poche de votre chemise ou d'un sac.

Quels Trois Choix Avons Nous Quand Un Conflit Se Produit?

ÉCHAPPEZ VOUS (LA RÉPONSE À LA CHAIR)

"Ces différentes personnalités ont des idées différentes et des modes de réalisation de tâches. Les personnes directement l'une en face de l'autre sur le diagramme circulaire ont généralement le

plus de difficulté à travailler ensemble. En général, ils essaient de se comprendre l'un l'autre.

Par exemple, le semeur veut dépenser de l'argent et le temps de voir les gens grandir, mais l'intendant veut économiser du temps et de l'argent pour que la mission puisse continuer. Les bonnes décisions nécessitent deux points de vue. La concurrence entre l'un et l'autre sont soulignée et le manque de jugement.

Pour la plupart des gens, faire face à un conflit est difficile et les deux partis finissent par ne pas communiquer. Craignant davantage de conflits et les deux personnes gardent leurs distances. Notre devise est "Mieux vaut prévenir que guérir."

Dans cette situation, les gens se disputent, s'enfuient, et se cachent les uns des autres."

👋 Gardez vos poings ensembles. Éloignez les les uns des autres et mettez les derrière votre dos.

BATTEZ VOUS (RÉPONSE À LA CHAIR)

"Parfois, les gens n'ont pas à éviter les conflits, mais sont ouvertement hostiles à l'autre personne. On se sent blessés ou mal compris et on veux que l'autre personne 'paie' pour ce qu'ils ont fait. Nous pouvons nous battre avec des mots, des attitudes ou nos poings. Une accumulation de conflits finit toujours.

Par exemple, un chercheur veut vivre de nouvelles expériences et opportunités, alors qu'un saint veut que le groupe soit fixé sur une base solide. Nous avons tous besoin du corps du Christ. Deux groupes "nouveaux" et "vieux" mis ensembles peuvent être un problème.

Les styles d'adoration semblent particulièrement sensibles à ce problème. Les groupes parkent de leur style et les groupes rabaissent les autres avec un style différent. Les mots, les attitudes et les actions sont les unes contre les autres et leur unité en souffre.

Dans cette situation, nous nous soutenons et débattons les uns contre les autres."

✋ Mettez vos poings ensembles et frappez les ensemble.

TROUVER UN MOYEN AVEC L'ESPRIT DE DIEU TRAVAILLENT ENSEMBLE (RÉPONSE À L'ESPRIT)

"Le Saint-Esprit guide la troisième réponse. Si nous reconnaissons que dans notre chair, nous avons tendance à fuir ou à nous battre quand il s'agit de conflits, nous pouvons demander et dépendre de l'Esprit pour nous aider à trouver un moyen de travailler ensemble. Nous croyons que les solutions aux problèmes venant du corps entier du Christ sont meilleurs. La troisième réponse met la communication, la confiance, l'amour par-dessus tout. "

"Par exemple, un soldat désire que l'église soit organisée et sur sa mission avec Dieu. Un fils ou une fille, d'autre part, veut que l'Église soit un lieu de guérison pour sa famille. Le soldat se concentre sur la tâche, le fils ou la fille se concentre sur ses relations. Vu qu'ils se réunissent dans l'Esprit, ils trouveront un moyen de mener à bien la mission et d'aider chacun à se sentir comme si "ils faisaient partie d'une équipe" - Nous travaillons, travaillons, et travaillons - mais ausi, nous jouons, jouons, et jouons.

Dans cette situation, nous trouvons un moyen de nous rassembler dans le Christ et travailler vers Son royaume."

> ✋ Tenez vos poings ensembles, lâchez votre poing et vos doigts s'entrecroisen, secouez vos mains vers le haut et vers le bas, comme si elles travaillaient ensembles.

Verset à Mémoriser

> –Galates 2:20–
> J'ai été crucifié avec Christ, et il n'est plus moi qui vis, mais Christ vit en moi ; (NAS)

- Tout le monde se lève et dit le verset à mémoriser dix fois ensemble. Les six premières fois, ils peuvent utiliser leur Bible ou les notes des élèves. Les quatre dernières fois, ils disent le verset de mémoire. Dites le verset de référence avant de citer le verset à chaque fois et asseyez-vous lorsque vous avez terminé.
- Suivre cette routine va aider les formateurs à savoir quelles équipes ont terminé la leçon "Pratique".

Pratique

Concours de Théatre

- Divisez les dirigeants dans des groupes d'au moins huit personnes chacune. Dites aux chefs de file que vous allez organiser un concours de théâtre avec des prix pour les gagnants. Vous donnerez le premier prix à l'équipe qui effectue le plus drôle, vie réelle sketch.
- Chaque membre du groupe choisit une image du Christ à imiter. Les dirigeants doivent choisir une autre image de leur propre personnalité. Par exemple, si le type de personnalité d'une personne est "soldat", ils devraient

- choisir une autre image du Christ plutôt que "soldat" à interpréter.
- Le sketch qu'ils exécuteront est "une réunion du groupe pour le démarrage de nouvelles églises dans une province voisine." Les membres du théatre doivent seulement interpréter leur rôle en conflit avec l'autre (la chair). Personne n'est dans l'Esprit.
- Ils auront 5 minutes pour présenter leur sketch devant le groupe. Incitez-les à "éxagérer" pour que les gens sachent quel rôle ils interprètent dans le théatre.
- Donnez suffisamment de temps aux dirigeants de pratiquer leur sketch (au moins 20 minutes).
- Commencez le concours. À la fin de la performance de chaque groupe, faites le tour du cercle des acteurs et essayez de voir si les dirigeants peuvent deviner ce que le rôle de chaque disciple est. Donnez la "première place" au groupe qui était le plus drôle et fidèle à leur vie. Idées de prix: des tracts évangéliques, CD culte, bonbons, etc...
- Après que les groupes ont joué, demandez à chaque groupe de choisir quelques "étoiles" de leur groupe. Demandez aux "étoiles" de chaque groupe de former un nouveau groupe et de jouer un autre sketch en tant que nouvelle meilleure équipe.

UNE QUESTION COMMUNE

Quelle est la différence entre les huit images du Christ et les dons spirituels?

Dieu a créé les gens à son image, et si l'on veut voir l'image invisible de Dieu, la Bible nous dit de regarder Jésus. Les huit photos montrent comment les gens sont "câblés" et vraie pour les croyants et les non-croyants. En utilisant les huit images en tant que structure pour la croissance spirituelle répondant à un problème avec des cadeaux spirituels. Comment un croyant peut il faire un inventaire de don spirituel et découvrir que ce sont des dons spirituels, mais comment ne croient ils pas en Dieu?

Les huit images du Christ sont comme des "puits" de dons spirituels déversés et libérés. Un berger peut avoir le don spirituel de la miséricorde, ou d'exhortation, ou de don, comme le veut!'Esprit. Nous avons observe que certains dons spirituels se regroupent le plus souvent autour de certaines images du Christ. Par exemple, le don de serviture et !'image d'un serviteur vont souvent ensemble.

6

Partagez l'Évangile

Comment est ce que les gens peuvent croire en Dieu, s'ils n'ont jamais entendu l'évangile? Malheureusement, les disciples de Jésus ne partagent pas toujours l'évangile de sorte que les gens puissent croire. Une des raisons est qu'ils n'ont jamais appris à partager l'Evangile. Une autre raison est qu'ils sont plongés dans leur routine quotidienne et oublient de partager. Dans la leçon "Partager l'Evangile", les dirigeants apprennent à faire un "bracelet de l'évangile" à partager avec leur famille et leurs amis. Le bracelet rappelle à partager avec les autres et est un bon démarreur de conversation. Les couleurs sur le bracelet nous rappelent de partager l'évangile avec les gens qui cherchent Dieu.

Le bracelet de l'évangile montre comment nous avons quitté la famille de Dieu. Dieu était au commencement - la perle d'or. Le Saint-Esprit a créé un monde parfait avec un ciel et des mers - la perle bleue. Il a créé l'homme et le plaça dans un beau jardin - la perle verte. Le premier homme et la femme désobéit à Dieu et ont introduit le péché et la souffrance dans le monde - la perle noire. Dieu a envoyé son Fils unique dans le monde et Il a vécu une vie parfaite - la perle blanche. Jésus a payé pour nos péchés en mourant sur la croix - la perle rouge.

Le bracelet de l'évangile nous montre comment nous pouvons revenir à la famille de Dieu en en inversant l'ordre. Dieu a dit que celui qui croit que Jésus est mort sur la croix pour eux - la perle rouge - et que Jésus est le Fils de Dieu - la perle blanche - a ses péchés pardonnés - la perle noire. Dieu nous adopte de retour dans sa famille et nous devenons de plus en plus semblable à Jésus - la perle verte. Dieu nous donne son Saint-Esprit - la perle bleue - et promet que nous serons avec lui dans le ciel avec des rues en or quand nous mourons - le bourrelet d'or.

La leçon se termine en montrant que Jésus est le seul chemin vers Dieu. Personne n'est assez intelligent, assez bon, assez fort, ou assez aimant pour aller à Dieu par eux-mêmes. Jésus est le chemin que les gens doivent prendre pour retourner à Dieu. Suivre Jésus est la seule vérité qui définit les gens libres de leurs péchés. Seul Jésus peut donner la vie éternelle grâce à sa mort sur la croix.

ÉLOGE

- Chantez deux chants de louange ensemble. Demandez à un chef de file de prier pour cette session.

PROGRÈS

- Demandez à un autre chef de file dans la formation de partager un court témoignage (trois minutes) la façon dont Dieu a bénit son groupe. Après le témoignage du chef, demandez au groupe de prier pour lui.

Problème

"Beaucoup de croyants ont du mal à partager l'évangile. Ils demandent: "Avec qui dois-je partager l'évangile?" Et "Que dois-je dire?" Les croyants se mettent souvent au travail et ne parviennent pas à reconnaître que Dieu travaille dans la vie d'une autre personne pour les ramener à la foi."

Plan

"Dans cette leçon, nous allons examiner d'une manière simple de partager l'évangile, la pratique, il le partage, et comment faire un "bracelet de l'évangile" qui va nous aider à nous rappeler de partager l'évangile plus souvent."

Révision

Bienvenue
- Qui construit l'Eglise?
- Pourquoi est-ce important?
- Comment Jésus bâtit Son Eglise?
  - Soyez Forts en Dieu
  - Partagez l'Evangile
  - Faites de nouveaux Disciples
  - Débutez des Groupes et des Eglises
  - Développez des chefs de file

–I Corinthiens 11:1–Soyez mes imitateurs, comme je suis aussi de Christ. (NAS)

Entraînez-vous comme Jésus

Comment est ce que Jésus a entraîné ses dirigeants?
- Progrès 🖐
- Problèmes 🖐
- Plans 🖐
- Pratique 🖐
- Prière 🖐

> –Luc 6:40–Le disciple n'est pas mieux que le maître, mais ceux qui sont entièrement entraînés seront comme leur maître. (HCSB)

Dirigez comme Jésus

Qui a dit que Jésus était le plus grand chef de file? 🖐

Quelles sont sept qualités d'un grand chef?

1. Les grands chefs de file Aiment les gens 🖐
2. Les grands chefs de file connaissent leur mission 🖐
3. Les grands chefs de file servent leurs disciples 🖐
4. Les grands chefs de file corrigent avec gentillesse 🖐
5. Les grands chefs de file connaissent les problèmes actuels dans leur groupe 🖐
6. Les grands chefs de file donnent un bon exemple à suivre 🖐
7. Les grands chefs de file savent qu'ils sont bénis 🖐

> –John 13:14-15–Maintenant que moi, votre Seigneur et le Maître, vous ai lavé les pieds, vous aussi doivent se laver les pieds les uns. Je vous ai donné un exemple que vous devez faire comme je l'ai fait pour vous.

Devenez Fort
    Quelle Personnalité Est ce Que Dieu Vous A Donné?
- Soldat ✋
- Demandeur ✋
- Berger ✋
- Semeur ✋
- Fils / fille ✋
- Saint ✋
- Serviteur ✋
- Steward ✋

    Quel type de personnalité est ce que Dieu aime le plus?
    Quel type de personnalité fait le meilleur chef de file?

> –Romains 12:04-5–Tout comme chacun de nous a un seul corps avec plusieurs membres, et ces membres n'ont pas tous la même fonction, donc dans le Christ, nous qui sommes plusieurs un seul corps, et chaque membre appartient à tous les autres.

Plus Forts Ensemble
    Pourquoi Y a t'il Huit Types De Gens Dans Le Monde?
    Comment est Jésus?
- Soldat ✋
- Chercheur ✋
- Berger ✋
- Semeur ✋
- Fils/Fille ✋
- Sauveur/Saint ✋
- Serviteur ✋
- Intendant ✋

    Quels Sont Les Trois Choix Que L'on A Quand Il Y A Un Conflit?
- S'échapper ✋
- Se battre ✋
- Trouver un moyen par l'Esprit de Dieu de travailler ensemble ✋

–Galates 2:20–J'ai été crucifié avec Christ, et il n'est plus moi qui vis, mais Christ vit en moi; (NAS)

Comment Puis-Je Partager le Simple Évangile?

–Luc 24:1-7–
Le premier jour de la semaine, très tôt dans la matinée, les femmes ont pris les aromates qu'elles avaient préparées et sont allées au tombeau. Elles trouvèrent la pierre roulée devant le tombeau, mais quand elles sont entrées, elles ne trouvèrent pas le corps du Seigneur Jésus. Alors elles se demandèrent ce qui se passe, voici que deux hommes en vêtements qui brillaient comme l'éclair se tenaient devant eux. Dans leur frayeur, les femmes se prosternèrent avec leurs visages sur le sol, mais les hommes leur dirent, "Pourquoi cherchez-vous le vivant parmi les morts? Il n'est pas ici, il est ressuscité! Rappelez-vous ce qu'il vous a dit, alors qu'il était encore avec vous en Galilée: '. Le Fils de l'homme doit être livré aux mains des pécheurs, qu'il soit crucifié, et le troisième jour être à nouveau levé"

- Après que les dirigeants aient lu l'Écriture à haute voix, ils distribuèrent les fournitures suivantes à chaque participant:

    1. Une perle d'or, bleue, verte, noire, blanche, et rouge
    2. Un morceau de cuir ou de la moelle de douze pouces

- Expliquez comment faire le "bracelet évangile." Commencez par faire un nœud au le milieu de la corde pour tenir les perles en place. Enfilez chaque perle sur le bracelet alors vous en expliquer le sens.

PERLE D'OR

"Au début il n'y avait que Dieu."

PERLE BLEUE

"Ensuite, l'Esprit de Dieu a tout créé dans le monde, y compris les mers et les cieux."

PERLE VERTE

"Dieu a fait un beau jardin, a créé l'homme, et le mit dans la famille de Dieu."

PERLE NOIRE

"Malheureusement, l'homme a désobéi à Dieu et a introduit le péché et la souffrance dans le monde. En raison de sa rébellion, l'homme a dû quitter le jardin et la famille de Dieu."

PERLE BLANCHE

"Dieu aimait toujours beaucoup l'homme, alors Il a envoyé Jésus, son fils, dans le monde. Jésus a vécu une vie parfaite et a obéi à Dieu en toutes choses."

PERLE ROUGE

"Jésus est mort sur la croix pour nos péchés et a été enterré dans un tombeau."

- À ce stade, les dirigeants n'ajoutent pas de perles au bracelet de l'évangile, mais font un nœud pour garder les billes en place. Commencez la section suivante en pointant vers la perle rouge et en remontant jusqu'à ce que vous finissiez sur la perle d'or.

PERLE ROUGE

"Dieu vit le sacrifice de Jésus pour nos péchés et il l'a accepté. Il a ressuscité Jésus d'entre les morts après trois jours pour montrer au monde que Jésus est le seul moyen de revenir à Dieu."

PERLE BLANCHE

"Ceux qui croient que Jésus est le Fils de Dieu et qu'Il a payé le prix pour leurs péchés …"

PERLE NOIRE

"Et ceux qui se repentent de leurs péchés et demande à Jésus de les aider …"

PERLE VERTE

"… Dieu leur pardonne et les accueille de nouveau dans sa famille, comme s'ils étaient dans le premier jardin."

PERLE BLEUE

"Dieu mit son Esprit en eux et créa une nouvelle personne, tout comme Il a créé tout le monde au début."

PERLE D'OR

"Enfin, tous ceux qui se confient en Jésus un jour passeront l'éternité avec Dieu. Ils vivront avec les autres croyants dans une ville faite d'or pur."

J'aime ce bracelet parce qu'il me rappelle où je suis allé et où je vais. Le bracelet de l'évangile me rappelle aussi comment Dieu a pardonné mes péchés et a changé ma vie.

Êtes-vous prêts à revenir à la famille de Dieu? Prions ensemble et disons à Dieu que vous croyezen lui, Il a créé un monde parfait et a envoyé son fils vers la mort pour vos péchés. Repentez-vous de vos péchés, demandez pardon, et Dieu vous recevra dans sa famille à nouveau."

- Prenez un moment pour vous assurer que tous les dirigeants dans la formation sont des croyants. Après avoir expliqué le bracelet de l'évangile, demandez si quelqu'un est prêt à revenir dans la famille de Dieu.

Pourquoi Avons-Nous Besoin De l'Aide de Jésus?

1. Personne n'est assez intelligent pour retourner vers Dieu.

   –ESAÏE 55:9–
   POUR QUE LES CIEUX SOIENT ÉLEVÉS AU DESSUS DE LA TERRE, MES VOIES SONT PLUS ÉLEVÉES QUE VOS VOIES ET MES PENSÉES SONT AU-DESSUS DE VOS PENSÉES.

"Certaines personnes pensent que de nombreux sentiers existent menant à Dieu. Ils tissent des théories élaborées pour expliquer comment Jésus ne pouvait pas être la seule façon de revenir à Dieu. Les pensées de Dieu, cependant, ces pensées rendent les gens petits. Quand Dieu dit que seul Jésus est le chemin, la vérité, et la vie, qui croirez vous?"

> ✋ **Nul n'est assez intelligent**
> Placez l'index des deux mains sur le côté de votre tête et secouer la tête en disant "Non".

2. Personne n'a assez à donner pour le retourner à Dieu.

   –ESAÏE 64:6–
   NOUS SOMMES TOUS INFECTÉS ET DE L'IMPUR AVEC LE PÉCHÉ. LORSQUE NOUS AFFICHONS NOS BONNES OEUVRES, ILS NE SONT RIEN QUE DES HAILLONS SALES. COMME LES FEUILLES D'AUTOMNE, NOUS FANENT ET TOMBENT, ET NOS PÉCHÉS NOUS BALAYER COMME LE VENT. (NLT)

"Certaines personnes croient qu'elles peuvent vivre éternellement en donnant de l'argent aux pauvres. Ils pensent que Dieu verra leurs bonnes actions et leur permettra d'aller dans le ciel. Nos meilleures actions, cependant, sont comme un vêtement souillé par

rapport à ce que Dieu a fait. Il a donné son fils unique en notre nom quand Jésus est mort sur la croix pour nos péchés. Dieu accepte cette seule bonne action pour notre salut."

> ✋ Personne ne donne suffisamment
> Faites semblant de prendre beaucoup d'argent de la poche de votre chemise ou dans un sac et secouez la tête: "Non"

3. Personne n'est assez fort pour retourner vers Dieu.

   –ROMAINS 7:18–
   CAR JE SAIS QUE RIEN DE BON NE VIS EN MOI, C'EST-À-DIRE, DANS MA CHAIR. LE DÉSIR DE FAIRE CE QUI EST BON EST AVEC MOI, MAIS IL N'Y A PAS DE CAPACITÉ DE LE FAIRE. (HCSB)

"D'autres personnes croient que le chemin vers Dieu est grâce à l'abnégation. Ils pratiquent la méditation, le jeûne, et de rejeter le monde. Ils croient, qu'une personne gagne à contrôler ses désirs. Une personne doit dépendre de son ou de sa force seule. Un homme qui se noie n'a pas le pouvoir de se sauver. Il doit recevoir de l'aide. Jésus est la seule personne assez forte pour vivre une vie parfaite. Nous retournons vers Dieu à travers avec la force de Jésus et non pas avec nos propres efforts."

> ✋ Personne n'est assez fort
> Maintenez vos deux bras en positio nd'"homme fort" et secouez la tête: "Non"

4. Personne n'est assez bon pour retourner vers Dieu.

   –ROMAINS 3:23–
   CAR TOUS ONT PÉCHÉ ET SONT PRIVÉS DE LA GLOIRE DE DIEU,

"Le dernier groupe de personnes croit qu'il peut revenir vers Dieu, parce que leurs bonnes actions l'emportent sur leurs mauvaises actions. Ils sont certains qu'ils ont accompli de bons actes et a gagné les faveurs de Dieu. Ils se justifient en disant: "Je n'ai jamais fait quelque chose d'aussi mauvais que cette personne là-bas." Dieu jugera chacun d'entre nous, cependant, par rapport à la vie parfaite de son Fils Jésus. Par rapport à Jésus, nous sommes tous pas assez. Seul le sacrifice de Jésus était assez bon pour Dieu à accepter. Seul Jésus est assez bon pour nous ramener vers la famille de Dieu. Nous devons faire confiance envers sa bonté et non la nôtre."

🖐 Personne n'est assez bon
Mettez les mains comme si des plateaux d'équilibre, déplacez les de haut en bas, et secouez la tête: "Non"

Verset à Mémoriser

–JEAN 14:6–
JÉSUS RÉPOND: "JE SUIS LE CHEMIN ET LA VÉRITÉ ET LA VIE. PERSONNE NE VIENT VERS LE PÈRE SANS MOI."

- Tout le monde se lève et dit le verset à mémoriser dix fois ensemble. Les six premières fois, ils peuvent utiliser leur Bible ou les notes des élèves. Les quatre dernières fois, ils disent le verset de mémoire. Dites le verset de référence avant de citer le verset à chaque fois et asseyez-vous lorsque vous avez terminé.
- Suivre cette routine va aider les formateurs à savoir quelles équipes ont terminé la leçon "Pratique".

PRATIQUE

- Divisez les dirigeants en groupes de quatre.

    "Maintenant, nous allons utiliser le même processus de formation que Jésus a l'habitude de pratiquer dans ce que nous avons appris dans cette leçon de direction."

- Marchez à travers le processus de formation étape par étape, en leur donnant 7-8 minutes pour discuter de chacune des sections suivantes.

PROGRÈS

"Partagez un court témoignage avec votre groupe à propos de quelqu'un qui est devenu un disciple du Christ récemment."

PROBLÈMES

"Partagez avec votre groupe ce qui est difficile pour vous en partageant l'évangile."

PLANS

"Partagez les noms de cinq personnes avec qui vous partagez l'évangile dans les 30 prochains jours."

- Tout le monde devrait prendre note des plans de leurs partenaires afin qu'ils puissent prier pour eux plus tard.

PRATIQUE

- Utilisation du "bracelet de l'évangile", en tant que guide, chaque chef de file doit à son un tour partager l'évangile avec son petit groupe.
- Tous les membres du groupe se levent et disent le verset à mémoriser dix fois ensemble.

PRIÈRE

> *"Passez du temps à prier pour la liste des noms des personnes de votre groupe qui ont besoin de revenir vers la famille de Dieu."*

FIN

Le pouvoir de l'Entraînement des Formateurs

Écrivez le tableau suivant sur un tableau blanc ou un morceau de papier affiche avant la session. Recherchez les statistiques avant la session, mais laissez les dirigeants vous donner leurs estimations. Ce débat favorise une discussion active sur les bons numéros et rends les chiffres plus "réels" aux participants.

Population Totale		Commencez une nouvelle église	
Total de Non-Croyants		Taille Moyenne de l'Église	
Total de croyants		Total d'Églises	
2% But Atteint		But de l'Église	

"Je voudrais vous montrer pourquoi les arbres de formation sont importants. Remplissons le tableau suivant ensemble."

[Ces statistiques citées pour le groupe de personnes dans cette illustration sont seulement un exemple. Si tous les dirigeants viennent du même groupe de personnes, utilisez leurs statistiques des personnes du groupe. Si elles proviennent de plusieurs groupes de plusieurs personnes, utilisez les numéros de la province, de l'état ou du pays.]

Population Totale	2,000,000	Commencez une nouvelle église	10
Total de Non-Croyants	1,995,000	Taille Moyenne de l'Église	50
Total de croyants	5,000	Total d'Églises	100
2% But Atteint	40,000	But de l'Église	800

"Notre groupe de personnes a une population totale de 2000000 personnes. Nous estimons qu'il y a 5.000 croyants, ce qui signifie 1.995.000 personnes ne suivent pas Jésus. L'objectif est d'atteindre au moins 2% de la population pour suivre Jésus, ce qui signifie 40000 personnes. Nous avons encore un long chemin à parcourir!

En moyenne, une église existante va commencer une nouvelle église tous les 10 ans. La taille moyenne d'une église à travers le monde est de 50 personnes, donc nous estimons qu'il y a environ 100 églises dans notre groupe de personnes (5000/50). Notre objectif est d'atteindre 40000 personnes, alors nous devons commencer avec 700 églises de plus. Ces chiffres sont approximatifs, mais aident à former une image de ce qui se passe dans notre groupe de personnes.

L'église traditionnelle prend en moyenne dix ans pour commencer une autre église, afin de, dans dix ans, doubler le nombre d'églises. Notre objectif pour le nombre total d'églises est de

800 (40 000/50). Certaines églises compteront beaucoup plus de cinquante pratiquants, mais beaucoup d'églises seront plus petites, donc c'est une bonne estimation. Maintenant, nous allons comparer deux différentes façons pour atteindre notre objectif."

Commencez des Églises Traditionelles	Années	Entraîner des Chefs de File	Années
100		5,000	
200	10	10,000	1
400	20	20,000	2
800	30	40,000	3

"Comme vous pouvez le voir, si nous nous concentrons sur la formation de chefs de file pour commencer des groupes, nous pourrons atteindre notre objectif en trois ans. Nous avons actuellement 5000 fidèles. Si chacun partage l'Évangile, cela conduit une personne vers Christ, en les formant en tant que chefs de file dans un groupe, et len eur apprenant à faire la même chose, cela nous permettrait de doubler chaque année et ont 40000 croyants au bout de trois ans.

Si on se fie uniquement sur le démarrage d'églises de manière traditionnelle, nous atteindrons notre objectif en 30 ans. Nous avons actuellement 100 églises et si elles doublent tous les 10 ans, nous aurons 800 églises dans 30 ans.

Il y a une grande différence entre trois ans et trente ans!

Un problème fréquent dans les églises, c'est qu'ils n'utilisent pas un processus visant à former les gens à devenir des chefs de file. En conséquence, les chefs de file sont peu nombreux en aidant à créer de nouvelles églises ou de nouveaux groupes. Lorsque nous nous entraînons comme Jésus, cela résout le problème d'une manière simple, mais puissante."

Mon plan Jésus

- Demandez aux dirigeants d'aller à l'arrière de leur guide du participant où ils verront la page "Le plan de Jésus". Expliquez que les dirigeants partageront leur plan de Jésus avec le groupe à la fin du séminaire. Ensuite, les dirigeants vont prier pour la bénédiction de Dieu sur leur famille, le ministère, et le plan.

"Vous remarquerez une place dans la flèche où écrir les données démographiques pour votre groupe cible. Prenez quelques instants pour prier et remplir les blancs du mieux que vous pouvez. Vous pouvez toujours les changer plus tard si vous recevez une meilleure information."

7

Faites des Disciples

Un bon chef de file a toujours un bon plan. Jésus a donné aux disciples un simple, mais puissant, plan pour leurs ministères dans Luc 10: préparez votre cœur, trouver des gens de la paix, partager les bonnes nouvelles, et d'évaluer les résultats. Jésus nous a donné un bon plan à suivre.

Même si on commence un ministère dans une église, une église nouvelle, ou un groupe, les étapes dans le plan de Jésus nous aideront à éviter des erreurs inutiles. Cette leçon apprend aux dirigeants une façon d'encadrer les uns des autres sur leurs plans personnels de Jésus. Ils vont également commencer à travailler vers la présentation du plan de Jésus pour le groupe.

Éloge

- Chantez deux chants de louange ensemble. Demandez à un chef de file de prier pour cette session.

Progrès

- Demandez à un autre chef de file en formation de partager un court témoignage (trois minutes) de la façon dont Dieu a bénit son groupe. Après le témoignage du chef, demandez au groupe de prier pour lui.
- Modélisez alternativement un temps d'entraînement avec un chef de file en utilisant les "Progrès, Problèmes, Plans, Pratiques, Prières" comme modèle de formation de direction.

Problème

"Lorsqu'on ne réussit pas le plan, nous prévoyons d'échouer. Élaborer un simple, plan stratégique peut être difficile. De nombreux dirigeants passent leur temps à réagir aux problèmes plutôt que de courir sur une claire piste vers l'avenir."

Plan

"Jésus est venu chercher et a sauvé les perdus et quand nous Le suivrons, nous allons faire la même chose. Il a donné aux disciples un plan clair que nous pouvons aussi appliquer à notre mission."

Révision

Bienvenue
    Qui construit l'Eglise?
    Pourquoi est-ce important?
    Comment Jésus bâtit Son Eglise?
        Soyez Forts en Dieu
        Partagez l'Evangile
        Faites de nouveaux Disciples
        Débutez des Groupes et des Eglises
        Développez des chefs de file

> –I Corinthiens 11:1–Soyez mes imitateurs, comme je suis aussi de Christ. (NAS)

Entraînez-vous comme Jésus
    Comment est ce que Jésus a entraîné ses dirigeants?
        Progrès
        Problèmes
        Plans
        Pratique
        Prière

> –Luc 6:40–Le disciple n'est pas mieux que le maître, mais ceux qui sont entièrement entraînés seront comme leur maître. (HCSB)

Dirigez comme Jésus
    Qui a dit que Jésus était le plus grand chef de file?
    Quelles sont sept qualités d'un grand chef?
        1. Les grands chefs de file Aiment les gens
        2. Les grands chefs de file connaissent leur mission

3. Les grands chefs de file servent leurs disciples
4. Les grands chefs de file corrigent avec gentillesse
5. Les grands chefs de file connaissent les problèmes actuels dans leur groupe
6. Les grands chefs de file donnent un bon exemple à suivre
7. Les grands chefs de file savent qu'ils sont bénis

> –John 13:14-15–Maintenant que moi, votre Seigneur et le Maître, vous ai lavé les pieds, vous aussi doivent se laver les pieds les uns. Je vous ai donné un exemple que vous devez faire comme je l'ai fait pour vous.

Devenez Fort
Quelle Personnalité Est ce Que Dieu Vous A Donné?
- Soldat
- Demandeur
- Berger
- Semeur
- Fils / fille
- Saint
- Serviteur
- Steward

Quel type de personnalité est ce que Dieu aime le plus?
Quel type de personnalité fait le meilleur chef de file?

> –Romains 12:04-5–Tout comme chacun de nous a un seul corps avec plusieurs membres, et ces membres n'ont pas tous la même fonction, donc dans le Christ, nous qui sommes plusieurs un seul corps, et chaque membre appartient à tous les autres.

Plus Forts Ensemble

Pourquoi Y a t'il Huit Types De Gens Dans Le Monde?
Comment est Jésus?
- Soldat ✋
- Chercheur ✋
- Berger ✋
- Semeur ✋
- Fils/Fille ✋
- Sauveur/Saint ✋
- Serviteur ✋
- Intendant ✋

Quels Sont Les Trois Choix Que L'on A Quand Il Y A Un Conflit?
- S'échapper ✋
- Se battre ✋
- Trouver un moyen par l'Esprit de Dieu de travailler ensemble ✋

–Galates 2:20–J'ai été crucifié avec Christ, et il n'est plus moi qui vis, mais Christ vit en moi; (NAS)

Partagez l'Évangile

Comment puis-je partager le simple Évangile?
- Perle d'or
- Perle bleue
- Perle verte
- Perle noire
- Perle blanche
- Perle rouge

Pourquoi avons-nous besoin de l'aide de Jésus?
- Personne n'est assez intelligent pour retourner vers Dieu. ✋
- Personne ne peut donner assez pour retourner vers Dieu. ✋
- Personne n'est assez fort pour retourner vers Dieu. ✋
- Personne n'est assez bon pour retourner vers Dieu. ✋

> –Jean 14:6– Jésus répondit: "Je suis le chemin de la vérité et de la vie. Nul ne va vers le Père à part à travers moi."

Quelle est la Première étape Dans le Plan de Jésus?

> –Luc 10:1-4–
> ¹Après cela, le Seigneur en a nommé soixante-deux autres et il les envoya deux par deux devant lui dans toutes les vilies et le lieu ou iI etait sur le point d'aller
> ²//leur dit: 'La moisson est abondante, mais les ouvriers sont peu nombreux. Demandez au Seigneur de Ia moisson, par consequent, d'envoyer des ouvriers dans son champ.
> ³Allezl Je vous envoie comme des agneaux parmi /es /oups
> ⁴Ne prenez pas un sac a main ou un sac ou des sandales,J et ne salue pas n'importe qui sur Ia route.

1. Préparez Vos Cœurs (1-4)

ALLEZ PAR PAIRES (1)

> "Dans le premier verset, Jésus dit d'aller par paires: dans la plupart des cultures, ce qui signifie deux hommes ou deux femmes. Sans un partenaire, vous êtes seul. Une fois une égal un. Deux fois deux fois deux font huit, cependant. Le potentiel de multiplication augmente avec un partenaire.

Les temps sont durs et découragent les gens, surtout s'ils travaillent seuls. Tout au long de la Bible, les chefs spirituels ont travaillé avec des partenaires et Jésus a réaffirmé cette pratique dans Son plan."

- Enseignez ce principe en effectuant le sketch suivant:

ꙮ Appuie toi sur Moi ꙮ

"Qu'est-ce qui pourrait arriver si vous étiez allé quelque part pour ministrer seul et avez été dans un accident?"

- o Promenez-vous dans la pièce comme si vous alliez dans l'endroit de votre ministère. Dites à tout le monde que vous étiez dans un accident et vous êtes cassé la jambe. Boîtez tout autour de la salle tout en essayant de servir les autres. Puis la foudre annoncée vous a frappé. Continuez à essayer de ministrer, mais maintenant, contractez votre cou.

"Comment peut-être différente si les événements d'un partenaire s'est joint à moi?"

- o Répétez le même scénario mais avec un partenaire cette fois. Votre partenaire vous aide à mettre le bandage et vous soigne après l'accident. Votre partenaire vous avertit de de ne pas aller sou la pluie lorsque vous avez une tige de métal dans votre main.

"Jésus est sage quand Il nous dit d'aller par paires. Il sait que les troubles vont venir, et nous aurons besoin de quelqu'un pour nous aider quand ils arriveront."

✋ Utilisez l'index et le médius des deux mains pour "marcher" ensemble.

"Écrivez dans la première colonne de "Mon plan Jésus", la personne que vous croyez sera votre partenaire."

ALLER LÀ OÙ JÉSUS TRAVAILLE (1)

"Parce que nous suivons Jésus, nous ne faisons rien par nous-mêmes, mais regardez pour voir où Jésus travaille, et rejoignez le. Voir où Jésus veut que nous allions n'est pas toujours facile. Mais la bonne nouvelle, cependant, est qu'il nous aime et nous le montrera. "

- Révisez vos mouvements de la main de la "Allez" leçon du Séminaire du Disciple.

"Je ne fais rien par moi-même."

✋ Placez une main sur votre cœur et secouez la tête "non".

"Je me réjouis de voir où Dieu travaille."

✋ Placez une main sur vos yeux, de chercher à gauche et à droite.

"Où Il travaille, je le rejoins."

✋ Pointez la main en face de vous et secouez la tête oui.

"Et je sais qu'il m'aime et me montrer."

✋ Soulevez vos mains vers le haut en louange et puis croisez les sur votre cœur.

"Écrivez dans la première colonne de "Mon plan Jésus" où Dieu travaille et où il vous demande d'y aller."

PRIEZ POUR LES DIRIGEANTS DE LA RÉCOLTE (2)

"Dans le verset deux, Jésus nous ordonne de prier pour le travail avant que nous allions. Jésus a prié avec ferveur avant de procéder à Son plan. Nous devrions aussi passer beaucoup de temps en prière avant de commencer notre plan."

Quand nous prions, nous louons Dieu pour les gens de notre équipe, pour comment il travaille, et pour le peuple que nous atteindrons."

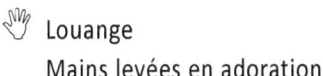
Louange
Mains levées en adoration.

"Nous nous repentons du péché dans nos vies. Nous nous repentons de tous les péchés dans la vie des gens qui nous suivent. Nous nous repentons aussi pour tous les péchés du groupe que nous atteignons (la superstition, le culte des idoles, ou utiliser des amulettes par exemple)."

Repentez vous
Paumes vers l'extérieur cachant le visage; tête détournée.

"Ensuite, nous demandons à Dieu de donner les dirigeants locaux un l'endroit où nous allons. Nous demandons à Dieu de faire de nous des chefs de file qui suivent Jésus, alors quand les autres nous suivent, ils suivent Jésus."

Demandez
Mains en coupe pour recevoir.

"Enfin, nous cédons à ce que Dieu veut que nous fassions."

🖐 **Donner**
Mains jointes en prière et placées haut sur votre front pour symboliser le respect.

"Écrivez dans la première colonne de "Mon plan Jésus" les noms de chefs de file potentiels que vous priez dans l'endroit où vous allez."

PARTEZ HUMBLEMENT (3)

"Dans le verset trois, Jésus a dit qu'Il nous envoie comme des agneaux parmi les loups, alors nous partons humblement. Les gens écouteront un message qui vient d'un cœur humble. Ils ne veulent pas entendre s'ils croient que nous sommes fiers ou arrogants."

- Enseignez ce principe en effectuant le sketch suivant

ঞ The Big Leader ঞ

"Que pensez-vous des gens dans un village penseraient si je venais vers leur village comme ça …?"

- Promenez vous avec votre poitrine gonflée en disant: "Je suis le Grand chef de file, vous devez m'écouter!" Pour que tout le monde sache que vous pensez que vous êtes le plus grand et le meilleur.

"Jésus est sage quand Il nous dit de partir humblement. Les gens sont plus réceptifs quand le messager est humble et a un cœur pour aider les autres. Personne n'aime une personne autoritaire."

> 🖐 Partez humblement
> Mettez les mains dans la position de la "prière" et de l'arc.

"Écrivez dans la première colonne de "Mon plan Jésus", la réponse à la question suivante: qu'est-ce cela signifie pour vous d' "aller humblement".

COMPTEZ SUR DIEU, PAS SUR L'ARGENT (4)

"Dans le plan de Jésus, Jésus nous donne des principes clairs à suivre quand on commence un ministère ou d'une mission. Tout au long de l'histoire Chrétienne, les dirigeants ont fait beaucoup d'erreurs en faisant le ministère parce qu'ils ont ignoré un de ces principes. Jésus nous dit que notre ministère ou notre mission dépend de Dieu et pas de l'argent. Nous pouvons servir Dieu ou l'argent, mais pas les deux. Nous devrions faire en sorte que tout ce que nous faisons, dépend de Dieu et non pas de l'argent."

- Enseignez ce principe en effectuant le sketch suivant:

✑ Money is Like Honey ✑

"Que pensez-vous ce que les gens dans un village penseraient si nous venions dans leur village comme ça …?"

- Transportez un sac avec vous et faites semblant que êtes entré dans un village. Approchez un des chefs de file et dites : "Nous commençons une nouvelle église dans le village. Nous avons une tonne d'argent. Venez voir ce que nous pouvons faire pour vous ! " Répétez ce même discours à plusieurs dirigeants du groupe.

"Jésus est sage quand il dit ne pas avoir confiance en l'argent. Dans le ministère, les gens devraient aller vers Jésus, car Il est le fils de Dieu et le Sauveur du monde, non pas pour les promesses d'argent et d'aide. L'argent est comme le miel et attire les ennuis si nous dépendons de lui et non pas Dieu."

✋ Dépendez de Dieu, pas de l'argent
Faites semblant de prendre l'argent de votre poche de chemise, secouer la tête "non", puis pointez vers le ciel en secouant la tête "oui".

"Écrivez dans la première colonne de" Mon plan Jésus "combien il vous en coûtera la première année pour financer votre nouveau ministère ou de la mission."

ALLEZ DIRECTEMENT VERS L'ENDROIT OÙ IL VOUS APPELLE (4)

"Jésus nous ordonne au verset quatre de ne pas saluer tous ceux le long de la route. Il ne nous a pas commandé d'être grossier, mais de rester concentré sur la mission qu'Il nous a donné. La plupart d'entre nous deviennent facilement distraits en faisant de bonnes tâches, plutôt que de faire les meilleurs tâches."

- Enseignez ce principe en effectuant le sketch suivant:

∽ Good Distractions ∽

"Que pensez-vous des gens dans un village penserais que si je venais dans leur village comme ça …?"

- Dites à tous le monde que l'apprenti va montrer ce principe. Pointez un groupe à l'autre bout de la salle et dites:

"Un groupe de personnes ont demandé à mon ami de venir les aider. Regardez ce qui se passe."

- L'apprenti décrit aux dirigeants ce qu'il fait comme il le fait. L'apprenti se lance vers le groupe de personnes ayant besoin d'aide, mais se souvient qu'il doit dire adieu à ses amis. Il est assis avec ses amis et parle avec eux pendant un certain temps. Après quelques minutes, il "se souvient" qu'il a besoin d'aller en mission. Il se lève à nouveau, mais se souvient qu'il doit donner à sa sœur un peu d'argent, puis il va vers sa maison. Elle le nourrit pour dîner et lui demande de rester pour la nuit. La troisième fois, il met en route, il fait une autre culturelle excuse appropriée. Enfin, il arrive au ministère, mais personne ne veut l'écouter dans le village.

"Jésus est sage quand il nous dit d'aller directement à l'endroit du ministère où il nous a appelés. Les soucis de ce monde peut facilement nous distraire et nous faire manquer ce que Dieu fait dans un ministère."

- Placez les palmes et les doigts de vos deux mains ensemble et faites un geste vers le haut.

"Écrivez dans la première colonne de "Mon plan Jésus", une liste de distractions possibles que vous pourriez rencontrer dans vos notes."

Verset à Mémoriser

–LUC 10:2–
IL LEUR DIT: "LA MOISSON EST ABONDANTE, MAIS LES OUVRIERS SONT PEU NOMBREUX DEMANDEZ AU SEIGNEUR DE LA MOISSON, PAR CONSÉQUENT, D'ENVOYER DES OUVRIERS DANS SA MOISSON.".

- Tout le monde se lève et dit le verset à mémoriser dix fois ensemble. Les six premières fois, ils peuvent utiliser leur Bible ou les notes des élèves. Les quatre dernières fois, ils disent le verset de la mémoire. Dites le verset de référence avant de citer le verset à chaque fois et asseyez-vous lorsque vous avez terminé.
- Suivre cette routine va aider les formateurs à savoir quelles équipes ont terminé la leçon "Pratique".

PRATIQUE

- Diviserz les dirigeants en groupes de quatre. Demandez-leur d'utiliser le processus de formation avec cette leçon de direction et de répondre aux questions ci-dessous.
- Accompagnez les chefs de file à travers le processus de formation étape par étape, en leur donnant 7-8 minutes pour discuter de chacune des sections suivantes.

PROGRÈS

"Quelle partie de cette étape est plus facile pour votre groupe d'obéir?"

PROBLÈMES

"Quelle partie de cette étape est la plus difficile pour votre groupe d'obéir?"

PLANS

"Quelle tâche allez vous commencer à faire avec votre groupe dans les 30 prochains jours pour obéir à cette étape du plan de Jésus?"

- Tout le monde devrait prendre note des plans des autres afin qu'ils puissent prier pour leurs partenaires plus tard.

PRATIQUE

"Quelle est la tâche vous allez améliorer dans votre groupe dans les 30 prochains jours pour obéir à cette étape du plan de Jésus?"

- Tout le monde enregistre l'entraînement de leurs partenaires afin qu'ils puissent prier pour eux plus tard.
- Les dirigeants se levent et disent le verset à mémoriser dix fois ensemble après que tout le monde ait partagé la compétence dans laquelle ils s'entraînent.

PRIÈRE

- Passez du temps à prier pour les plans des autres

FIN

Mon Plan Jésus

- Demandez aux dirigeants de tourner vers la dernière page du guide "Le plan de Jésus".

"En utilisant vos notes à partir de cette session, remplissez la première colonne de votre plan de Jésus - comment allez vous faire votre travail. Donnez des détails spécifiques sur la façon dont vous allez suivre les principes de Jésus pour le ministère dans Luc 10."

My Jesus Plan

How we will go	What we will do	Where we will go	Who will go

Now
Population –
Believers –
Churches –

Vision
Population –
Believers –
Churches –

8

Commencez des Groupes

Les dirigeants préparent leurs cœurs dans l'étape 1 du plan de Jésus. Les "commencez des groupes" leçons couvrent les étapes 2, 3 et 4. Nous pourrions éviter de nombreuses erreurs dans le ministère et la mission en suivant simplement les principes du plan de Jésus dans Luc 10. Les dirigeants appliquent ces principes à la fin de la session en remplissant leur personnel "Plan de Jésus."

L'étape 2 est à propos de développer des relations. Nous nous joignons à Dieu, où il travaille et trouve des personnes influentes qui sont sensibles au message. Nous mangeons et buvons ce qu'ils nous donnent en montrant l'acceptation. On ne s'en va pas d'une amitié à l'autre parce cela discrédite le message de la réconciliation que nous prêchons.

Nous partageons les bonnes nouvelles dans l'étape 3. Jésus est un berger et veut qu'on protége et de aide les gens. Dans cette étape, les formateurs encouragent les dirigeants à trouver des moyens pour apporter de la guérison alors qu'ils sont en train de ministrer. Les gens ne se soucient pas de ce que vous savez jusqu'à ce qu'ils sachent ce dont vous vous souciez. Guérir les malades ouvre des portes pour partager l'Evangile.

Nous évaluons les résultats et ajustons à l'étape 4. Comment sont les gens réceptifs? Y at-il un véritable intérêt envers des questions spirituelles ou une autre raison comme si l'argent était le but leur curiosité? Si les gens réagissent, on reste et continuons la mission. Si les gens ne répondent pas, Jésus nous ordonne de partir et de commencer quelque part d'autre.

Éloge

- Chantez deux chants de louange ensemble. Demandez à un chef de file de prier pour cette session.

Progrès

- Demandez à un autre chef de file dans la formation de partager un court témoignage (trois minutes) dans la façon dont Dieu bénit son groupe. Après le émoignage du chef, demandez au groupe de prier pour lui ou elle.
- Alternativement, modélisez un emploi du temps d'entraînement avec un chef de file en utilisant les "progrès, problèmes, plans, entraînements, prières" selon le modèle de formation en direction.

Problème

"Beaucoup de croyants ont bon cœur et se passionnent pour atteindre leur communauté. Ils n'ont pas, cependant, un plan simple à suivre qui correspond à leurs objectifs,. De nombreux groupes commencent par essai-erreur, mais cette méthode gaspille

du temps et de l'énergie. Jésus a donné aux disciples des instructions claires sur la façon de démarrer des groupes. Lorsque nous suivons son plan, nous le rejoindrons où il travaille et éviteront des erreurs inutiles."

PLAN

"L'objectif de cette leçon est de vous montrer une bonne façon de commencer un groupe de disciples en suivant les instructions de Jésus. Nous commencerons par trouver une personne de la paix et répondre à leurs besoins physiques et spirituels. Jésus nous commande aussi d'évaluer notre travail à la fin de Son plan.

Révision

Bienvenue
    Qui construit l'Eglise?
    Pourquoi est-ce important?
    Comment Jésus bâtit Son Eglise?
        Soyez Forts en Dieu
        Partagez l'Evangile
        Faites de nouveaux Disciples
        Débutez des Groupes et des Eglises
        Développez des chefs de file

        –I Corinthiens 11:1–Soyez mes imitateurs, comme je suis aussi de Christ. (NAS)

Entraînez-vous comme Jésus
Comment est ce que Jésus a entraîné ses dirigeants?
- Progrès 🖐
- Problèmes 🖐
- Plans 🖐
- Pratique 🖐
- Prière 🖐

> *–Luc 6:40– Le disciple n'est pas mieux que le maître, mais ceux qui sont entièrement entraînés seront comme leur maître. (HCSB)*

Dirigez comme Jésus
Qui a dit que Jésus était le plus grand chef de file? 🖐
Quelles sont sept qualités d'un grand chef?
1. Les grands chefs de file Aiment les gens 🖐
2. Les grands chefs de file connaissent leur mission 🖐
3. Les grands chefs de file servent leurs disciples 🖐
4. Les grands chefs de file corrigent avec gentillesse 🖐
5. Les grands chefs de file connaissent les problèmes actuels dans leur groupe 🖐
6. Les grands chefs de file donnent un bon exemple à suivre 🖐
7. Les grands chefs de file savent qu'ils sont bénis 🖐

> *–John 13:14-15– Maintenant que moi, votre Seigneur et le Maître, vous ai lavé les pieds, vous aussi doivent se laver les pieds les uns. Je vous ai donné un exemple que vous devez faire comme je l'ai fait pour vous.*

Devenez Fort

Quelle Personnalité Est ce Que Dieu Vous A Donné?
- Soldat ✋
- Demandeur ✋
- Berger ✋
- Semeur ✋
- Fils / fille ✋
- Saint ✋
- Serviteur ✋
- Steward ✋

Quel type de personnalité est ce que Dieu aime le plus?
Quel type de personnalité fait le meilleur chef de file?

> –Romains 12:04-5–Tout comme chacun de nous a un seul corps avec plusieurs membres, et ces membres n'ont pas tous la même fonction, donc dans le Christ, nous qui sommes plusieurs un seul corps, et chaque membre appartient à tous les autres.

Plus Forts Ensemble

Pourquoi Y a t'il Huit Types De Gens Dans Le Monde?
Comment est Jésus?
- Soldat ✋
- Chercheur ✋
- Berger ✋
- Semeur ✋
- Fils/Fille ✋
- Sauveur/Saint ✋
- Serviteur ✋
- Intendant ✋

Quels Sont Les Trois Choix Que L'on A Quand Il Y A Un Conflit?
- S'échapper ✋
- Se battre ✋
- Trouver un moyen par l'Esprit de Dieu de travailler ensemble ✋

—Galates 2:20—J'ai été crucifié avec Christ, et il n'est plus moi qui vis, mais Christ vit en moi; (NAS)

Partagez l'Évangile

Comment puis-je partager le simple Évangile?
- Perle d'or
- Perle bleue
- Perle verte
- Perle noire
- Perle blanche
- Perle rouge

Pourquoi avons-nous besoin de l'aide de Jésus?
- Personne n'est assez intelligent pour retourner vers Dieu.
- Personne ne peut donner assez pour retourner vers Dieu.
- Personne n'est assez fort pour retourner vers Dieu.
- Personne n'est assez bon pour retourner vers Dieu.

—Jean 14:6—Jésus répondit: "Je suis le chemin de la vérité et de la vie. Nul ne va vers le Père à part à travers moi."

Faites des Disciples

Quelle est la première étape du plan de Jésus?
- Préparez vos coeurs
    - Allez en paires
    - Allez là où Jésus est au travail
    - Priez pour les dirigeants de la récolte
    - Partez Humblement
    - Comptez sur Dieu, pas sur l'argent
    - Allez directement à l'endroit où Il appelle

—Luc 10:2-4—Il leur dit: "La moisson est abondante, mais les ouvriers sont peu nombreux. Demandez au Seigneur de la moisson, par conséquent, d'envoyer des ouvriers dans sa moisson."

Quelle Est La Deuxième Étape Dans Le Plan de Jésus?

–LUC 10:5-8–

⁵"LORSQUE VOUS ENTREZ DANS UNE MAISON, DITES D'ABORD: 'PAIX À CETTE MAISON.'
⁶SI UN HOMME DE PAIX EST LÀ, VOTRE PAIX IRA REPOSER SUR LUI; SINON, ELLE REVIENDRA À VOUS
⁷RESTONS DANS CETTE MAISON, MANGEONS ET BUVONS TOUT CE QU'ILS VOUS DONNENT, CAR L'OUVRIER MÉRITE SON SALAIRE N'ALLEZ PAS DE MAISON EN MAISON.
⁸QUAND VOUS ENTREZ DANS UNE VILLE ET ÊTES BIENVENU, MANGEZ CE QUI EST MIS EN FACE DE VOUS.

2. Développez des amitiés (5-8)

TROUVEZ UNE PERSONNE DE LA PAIX (5, 6)

"Dans les versets cinq et six, Jésus nous ordonne de trouver des gens de la paix. Une personne de la paix est une personne qui cherche Dieu dans n'importe quel endroit où vous allez. Lorsque vous leur parlez de choses spirituelles, ils expriment un intérêt où vous voudrez en savoir plus. Dieu travaille déjà et le but de cette personne par rapport à lui-même. Partager notre témoignage est souvent un bon moyen de trouver la personne de la paix.

- Écrivez dans la deuxième colonne du "Peuple de la Paix" de votre plan de Jésus où vous êtes conscient de votre endroit ciblé.

  Personne de la Paix
  Joignez vos mains comme si vos amis se serraient la main.

MANGEZ ET BUVEZ CE QU'ILS VOUS DONNENT (7, 8)

"Pourquoi pensez-vous, que Jésus a dit" mangez et buvez ce qu'ils vous donnent "dans le verset sept? Il veut que nous soyons culturellement sensibles alors que nous de développons des amitiés. La meilleure façon de faire est de manger et boire ce que votre hôte vous donne en amitié.

Parfois, vous pourriez avoir à demander la grâce de Dieu quand un peu de nourriture inhabituelle dérange votre estomac! Néanmoins, si vous demandez, vous recevrez. Rappelez-vous, les gens se sentent aimés et acceptés quand nous mangeons ce qu'ils mangent et boivent ce qu'ils boivent."

- Écrivez dans la deuxième colonne de votre plan de Jésus les coutumes ou les préférences alimentaires de votre groupe cible auqquel vous serez sensible.

    ✋ Mangez et Buvez
    Faites semblant de manger et de boire. Ensuite frottez vous l'estomac, comme si la nourriture était bonne.

N'ALLEZ PAS DE MAISON EN MAISON (7)

"Dans le verset sept, Jésus dit de rester à la maison de la personne avec qui nous faisons contact dans le village. Des amitiés prennent leur temps pour se développer avec parfois du le conflit et de la peine. Si nous part au premier signe de difficulté, cela discrédite le message de la réconciliation que nous prêchons. "

    ✋ N'allez pas de maison en maison
    Faites le contour du d'une maison avec vos deux mains. Déplacez la maison à plusieurs endroits et bougez la tête, "Non"

- Enseignez les principes de la deuxième étape du plan de Jésus en effectuant le sketch suivant:

∽ Comment Rendre Un Village Mécontent ∽

"Que pensez-vous des gens dans un village pensent si nous venions dans leur village comme celui- ça?"

- Dites à tout le monde que vous et votre partenaire avez suivi le plan de Jésus jusqu'à maintenant. Vous allez à un site de ministère par paires. Vous avez prié, vous y êtes allé humblement, et vous ne dépendez pas de l'argent. Dieu travaille dans le village et vous deux y êtes allés directement. Dites- leur d'observer ce qui se passe maintenant et observez comment les villageois réagissent.
- Demandez aux chefs de file d'imaginer que le groupe de formation est un village. Des groupes de gens sont les maisons dans le village.
- Allez à la première maison, faites une bénédiction, asseyez vous avec eux, et passez du temps avec eux. Demandez-leur si vous pouvez avoir quelque chose à manger car vous avez extrêmement faim. Après que vos invités aient apporté de la nourriture pour vous, la mange, et font une griamce. Ensuite, dites à votre partenaire que vous ne pouvez pas rester plus longtemps parce que la nourriture est si mauvaise, et vous pensez que vous allez mourir. Dites adieu en vous frottant le ventre, comme si vous aviez un mal de ventre.
- Allez à la seconde maison, faites une bénédiction, asseyez vous avec eux, et encore une fois dites que vous êtes d'accord pour passer la nuit. "Pretendez"

d'aller dormir. Après un certain temps, votre partenaire vous dit qu'il ne peut pas rester plus longtemps, parce qu'un homme dans la maison ronfle si fort. Votre partenaire n'a dormi toute la nuit. Dites adieu tout en vous frottant les yeux.

- Allez à la troisième maison, donnez une bénédiction, asseyez vous avec eux, et restez un certain temps. Le lendemain, dites à votre partenaire que vous ne pouvez pas rester plus longtemps parce qu'il y a tellement de potins que ça vous fait mal aux oreilles. Dites adieu et partez, en vous frottant les oreilles.
- Allez à la dernière maison, donnez une bénédiction, asseyez vous avec eux, et restez un certain temps. Dites à tout le monde que vous avez entendu dire que cette maison a des filles magnifiques. Et que vous essayez d'aider votre ami à trouver une épouse. Dites aux membres de la famille toutes les qualités incroyables de votre partenaire. Expliquez que vous êtes sûr que Dieu veut que votre partenaire se marie avec une de leurs belles filles.

"Si nous avons essayé de partager l'évangile dans ce village, qu'est ce que les villageois penseraient? Ils penseraient que nous n'avons pas l'honneur. Tout ce que nous voulions, c'était ce qu'ils pouvaient nous donner. Suivre le plan de Jésus nous aide à éviter de faire de nombreuses erreurs."

- Écrivez dans la deuxième colonne de votre plan de Jésus comment vous allez contribuer au ménage où vous séjournez. Quels sont les moyens spécifiques où vous pouvez être une bénédiction pour eux?

Quelle Est La Troisième Étape Dans le Plan de Jésus?

–Luc 10:9–
Guérissez les malades qui sont là dites leur, "Le royaume de Dieu est près de chez vous."

3. Partagez Les Bonnes Nouvelles

GUÉRISSEZ LES MALADES (9)

"Le ministère de Jésus comprenait un ministère aux besoins physiques et spirituels. Nous pouvons apporter guérison à un village ou à un groupe de personnes de nombreuses façons, par exemple, en faisant du développement de communauté, améliorer son approvisionnement en eau, apporter de l'aide médicale ou dentaire, prier pour les malades, et des conseils."

- Écrivez dans la deuxième colonne de votre plan de Jésus d'une manière très pratique, vous pouvez répondre aux besoins physiques de la communauté à travers votre ministère ou à travers la mission.

    🖐 Guérissez les malades
    Tenez les bras comme si vous mettiez la main sur une personne qui est malade pour la guérir.

PARTAGEZ L'ÉVANGILE (9)

"La deuxième partie en partageant des bonnes nouvelles est de partager l'évangile."

- Révisez l'Évangile en utilisant le bracelet de l'Évangile

"Les bonnes nouvelles ne sont que des bonnes nouvelles, si les gens peuvent les comprendre dans leur propre contexte. Un aspect important en proclamant l'Évangile est de s'assurer qu'il est logique pour ceux qui l'entendent."

> ✋ Partagez l'Évangile
> Mettez vos mains autour de la bouche comme si vous teniez un mégaphone.

- Enseignez les principes de la troisième étape de la stratégie de Jésus en effectuant le sketch suivant:

✌ L'oiseau ı deux ailes ✌

"Jésus dit de guérir les malades et de prêcher l'évangile. Il est comme deux ailes sur un oiseau. Vous avez besoin des deux pour voler!"

- Demandez un volontaire. Expliquez que le volontaire est un évangéliste doué et que vous travaillez mieux pour la guérison des malades.
- Demandez au volontaire de tenir ses deux bras, comme s'il avait des ailes. Expliquez qu son bras droit est forte dans l'évangélisation, mais son bras gauche est plus faible (demandez-lui de faire son bras gauche plus petit que son bras droit).
- En même temps, tenez vos bras comme si vous aviez des ailes. Expliquez-leur que votre bras gauche est fort dans la guérison de malades, mais votre bras droit est plus faible. Vous êtes faible pour partager l'évangile. Demandez au volontaire de voler de ses ailes fortes et faibles. Vous faites de même. (Deux d'entre vous doivent tournoyer en rond).

"Comment les résultats seront ils différents si nous avons décidé de travailler ensemble?"

- Joignez-vous au "faible" bras (évangélisation) au "faible" le bras du volontaire (la guérison des malades).

"Quand nous mettons nos forces en commun et de travailler côte à côte, nous pouvons voler."

- Vous et le volontaire volez avec vos bras "fort" ensemble et "volez" autour de la salle.

Quelle Est La Quatrième Étape Dans Le Plan de Jésus?

–LUC 10:10-11–
MAIS QUAND VOUS ENTREZ DANS UNE VILLE ET NE SONT PAS ACCUEILLIS, ALLEZ DANS SES RUES, ET DITES, "MÊME LA POUSSIÈRE DE VOTRE VILLE QUI COLLE À NOS PIEDS, NOUS SECOUONS CONTRE VOUS. POURTANT, ASSUREZ-VOUS DE CECI:. LE ROYAUME DE DIEU EST PROCHE"

4. Évaluez les Résultats et Ajustez

ÉVALUEZ LA FAÇON DONT ILS RÉPONDENT (10,11)

"Une des clés pour un succès à long terme dans n'importe quelle mission est la capacité à évaluer une situation. Dans cette étape, Jésus nous dit d'analyser la façon dont les gens réagissent et apporter des corrections à nos plans.

Parfois, les gens ne réagissent pas parce qu'ils ne comprennent pas notre message et nous devons le rendre plus clair. D'autres fois, les gens ne répondent pas parce qu'ils ont péché dans leur vie, nous partageons donc le pardon de Dieu avec eux. D'autres encore ne sont pas réceptifs à cause d'expériences négatives dans leur passé et nous les aimons à nouveau dans la famille de Dieu. Il arrive un moment, cependant, où nous devons évaluer l'ouverture des gens avec qui nous travaillons et ajuster notre plan en conséquence.

Une étape clé dans le plan de Jésus est de décider avant de commencer comment nous allons évaluer les résultats.

- Écrivez dans la deuxième colonne de votre plan de Jésus-ce qu'est le "succès" dans cette mission et où le ministère va ressembler? Comment allez-vous évaluer leur réaction?

    🖐 Évaluez les résultats
    Tendez vos paumes vers l'extérieur comme si elles représentaient une balance. Déplacez les deux mains de haut en bas avec un regard interrogateur sur le visage.

PARTEZ S'ILS NE RÉPONDENT PAS (11)

"Le dernier principe dans le plan de Jésus est difficile pour beaucoup de gens. Nous devrions laisser la place où nous travaillons s'ils ne répondent pas. Plusieurs fois, nous continuons de croire que quelque chose va changer. Nous gardons espoir quand il est temps d'avancer."

"Une partie stratégique de travail de la mission est de déterminer quand il est temps de passer à autre chose. Certains veulent partir trop vite, d'autres trop lentement. Quitter des amis n'est jamais facile, mais il est important de se rappeler que Jésus nous a ordonné de passer à autre chose si les gens ne réagissent pas.

Combien de temps faut-il investir dans des gens avant de décider qu'ils ne vont pas à réagir: un jour, un mois ou un an? Chaque paramètre est différent par rapport au ministère. En réalité, beaucoup de gens restent trop longtemps et ratent la bénédiction de Dieu dans un autre endroit parce qu'ils n'étaient pas obéissant aux principes énoncés dans le Plan de Jésus."

- Écrivez dans la deuxième colonne de votre plan de Jésus combien de temps vous pensez que vous devrez rester pour mener à bien la mission que Dieu vous a donné. Si ce groupe de personnes ne réagit pas à l'Évangile, où allez-vous commencer ensuite?

   ✋ Partez s'il n'y a pas de réaction
   Dites au revoir

Verset à Mémoriser

–LUC 10:9–
GUÉRISSEZ LES MALADES QUI SONT LÀ ET DITEZ LEUR: "LE ROYAUME DE DIEU EST PRÈS DE CHEZ VOUS."

- Tout le monde se lève et dit le verset à mémoriser dix fois ensemble. Les six premières fois, ils peuvent utiliser leur Bible ou les notes des élèves. Les quatre dernières fois, ils disent le verset de mémoire. Dites le verset de référence avant de citer le verset à chaque fois et asseyez-vous lorsque vous avez terminé.
- Cette routine va aider les formateurs à savoir quelles équipes ont terminé la leçon "Pratique".

Pratique

- Divisez les dirigeants en groupes de quatre. Demandez-leur d'utiliser le processus de formation avec la leçon de direction.
- Dirigez les chefs de file à travers le processus de formation étape par étape, en leur donnant 7-8 minutes pour discuter de chacune des sections suivantes.

PROGRÈS

"Quelle partie de ces étapes sont les plus faciles pour votre groupe à obéir?"

PROBLÈMES

"Quelle partie de ces étapes sont les plus difficiles pour votre groupe d'obéir?"

PLANS

"Quelle est la tâche que vous allez commencer à faire avec votre groupe dans les 30 prochains jours pour suivre ces étapes du plan de Jésus?"

- Les dirigeants doivent prendre note des plans des autres afin qu'ils puissent prier pour leurs partenaires plus tard.

PRATIQUE

"Quelle la tâche allez vous améliorer dans votre groupe dans les 30 prochains jours pour obéir à ces étapes du plan de Jésus?"

- Tout le monde prend note de l'entraînement de leurs partenaires afin qu'ils puissent prier pour eux plus tard.
- Les dirigeants se lèvent et disent le verset à mémoriser dix fois ensemble après que tout le monde ait partagé la qualité pour laquelle ils s'entraîne.

PRIÈRE

- Passez du temps à prier pour les plans des autres. Priez pour que Dieu continue à aider les groupes de progresser et de renforcer leurs points faibles.

FIN

Mon Plan Jésus

- Demandez aux dirigeants de regarder la dernière page de leur guide du participant "Le plan de Jésus".

"Utilisez vos notes de cette session, remplissez les deuxième et troisième colonnes de votre plan de Jésus. Ces colonnes indiquent qui nos gens de la paix sont, et comment nous allons les aider. Donnez des détails spécifiques sur la façon dont vous allez suivre les principes de Jésus pour le ministère dans Luc 10."

9

Multipliez vos Groupes

De saines églises se multipliant sont le résultat de leur expansion renforcée vers Dieu, le partage de l'Évangile, faire des disciples, commencer des groupes, et entraîner des dirigeants. La plupart des dirigeants n'ont jamais commencé une église, cependant, et ne savent pas comment commencer. "Multiplier des groupes" présente les lieux où devrions nous concentrer quand on commence les groupes qui mènent aux églises. Dans le livre des Actes, Jésus nous ordonne de commencer des groupes dans quatre domaines différents. Il dit de commencer des groupes dans la ville et la région où nous vivons. Puis, il a dit de commencer de nouvelles organisations dans une région voisine et un différent groupe ethnique là où nous vivons. Enfin, Jésus nous ordonne d'aller dans des contrées lointaincs et d'atteindre tout les groupes ethniques dans le monde. Les formateurs encouragent les dirigeants à adopter le coeur de Jésus pour tous les peuples et faire des plans pour atteindre leur Jérusalem, la Judée, la Samarie, et jusqu'aux extrémités du monde. Les dirigeants ajoute ces engagements à leur "plan de Jésus."

Le livre des Actes décrit aussi le travail de quatre types de démarreurs de groupes. Peter, un pasteur, a aidé à lancer un groupe dans la maison de Corneille. Paul, un laïc, a voyagé à travers les groupes de l'Empire romain à partir. Priscilla et Aquila, les propriétaires d'entreprise indépendants, ont créé des groupes partout où leurs affaires les a emmené. Les gens "persécutés" dans l'Acte 8 se sont dispersés et ont commencé des groupes là où ils sont allés. Dans cette leçon, les dirigeants identifient des démarreurs de groupe possibles dans leur flux d'influence et les ajoutent à leur "Plan de Jésus." La séance se termine en abordant l'hypothèse que créer des églises mène au besoin d'un gros compte en banque. La plupart des églises commencent dans des maisons avec peu un peu plus qu'une Bible.

ÉLOGE

- Chantez deux chants de louange ensemble. Demandez à un chef de file de prier pour cette session.

PROGRÈS

- Demandez à un autre chef de file dans la formation de partager un court témoignage (trois minutes) de la façon dont Dieu a bénit son groupe. Après le témoignage du chef, demandez au groupe de prier pour lui.
- Alternativement, modélisez emploi du temps d'entraînement avec un chef de file en utilisant le modèle "Progrès, Problèmes, Plan, Entraînement, Prière" pour l'entraînement de direction.

Problème

"Dirigez un groupe existant ou une église n'est pas facile. La seule pensée de commencer un autre groupe ou à l'église semble impossible. Les églises sont aux prises de la façon d'utiliser de l'argent limité, du temps, ou des personnes. Jésus connaît nos besoins d'intendance, et, cependant, nous commande de commencer de nouvelles églises.

Un autre problème auquel nous sommes confrontés lors du démarrage des groupes ou des églises, c'est le fait que la plupart des croyants n'ont jamais commencé un groupe ou une église. Pasteurs, dirigeants, entrepreneurs, membres d'église ont une image dans leur esprit de ce qu'on appelle une "vraie" église. Il s'agit le plus souvent de commencer des églises qui ressemblent exactement comme l'église de départ, mais cela garantit presque que la nouvelle église va échouer."

Plan

"Tu te souviens quand nous avons parlé de comment passer de 5000 à 40000 croyants? La clé de cette croissance est que tout croyant crée un nouveau groupe. Dans cette leçon, nous allons apprendre les quatre domaines dans lesquels nous devrions commencer les groupes. Ensuite, nous allons identifier quatre types de groupes de personnes qui ont commencé dans le livre des Actes."

Révision

Bienvenue
    Qui construit l'Église?
    Pourquoi est-ce important?
    Comment est ce que Jésus a bâtit Son Église?
        Soyez Forts en Dieu ✋
        Partagez l'Evangile ✋
        Faites des disciples ✋
        Commencez des groupes et des églises ✋
        Développez des chefs de file ✋

> *–I Corinthiens 11:01–Soyez mes imitateurs, comme je suis aussi de Christ. (NAS)*

Entraînez-vous comme Jésus
    Comment est ce que Jésus a formé ses dirigeants?
        Progrès ✋
        Problèmes ✋
        Plans ✋
        Pratique ✋
        Prière ✋

> *–Luc 6:40–Le disciple n'est pas plus que le maître, mais tout le monde qui est entièrement formé sera comme son maître. (HCSB)*

Dirigez comme Jésus
    Qui a dit que Jésus était le plus grand chef de file? ✋
    Quelles sont sept qualités d'un grand chef?
        1. Les grands chefs de file Aiment les gens ✋
        2. Les grands chefs de file connaissent leur mission ✋
        3. Les grands chefs de file servent leurs disciples ✋

4. Les grands chefs de file corrigent avec gentillesse ✋
5. Les grands chefs de file connaissent les problèmes actuels dans leur groupe ✋
6. Les grands chefs de file donnent un bon exemple à suivre ✋
7. Les grands chefs de file savent qu'ils sont bénis ✋

> *–John 13:14-15–Maintenant que moi, votre Seigneur et le Maître, vous ai lavé les pieds, vous aussi doivent se laver les pieds les uns. Je vous ai donné un exemple que vous devez faire comme je l'ai fait pour vous.*

Devenez Fort
Quelle Personnalité Est ce Que Dieu Vous A Donné?
Soldat ✋
Demandeur ✋
Berger ✋
Semeur ✋
Fils / fille ✋
Saint ✋
Serviteur ✋
Steward ✋

Quel type de personnalité est ce que Dieu aime le plus?
Quel type de personnalité fait le meilleur chef de file?

> *–Romains 12:04-5–Tout comme chacun de nous a un seul corps avec plusieurs membres, et ces membres n'ont pas tous la même fonction, donc dans le Christ, nous qui sommes plusieurs un seul corps, et chaque membre appartient à tous les autres.*

Plus Forts Ensemble
Pourquoi Y a t'il Huit Types De Gens Dans Le Monde?
Comment est Jésus?
- Soldat ✋
- Chercheur ✋
- Berger ✋
- Semeur ✋
- Fils/Fille ✋
- Sauveur/Saint ✋
- Serviteur ✋
- Intendant ✋

Quels Sont Les Trois Choix Que L'on A Quand Il Y A Un Conflit?
- S'échapper ✋
- Se battre ✋
- Trouver un moyen par l'Esprit de Dieu de travailler ensemble ✋

—Galates 2:20—J'ai été crucifié avec Christ, et il n'est plus moi qui vis, mais Christ vit en moi; (NAS)

Partagez l'Évangile
Comment puis-je partager le simple Évangile?
- Perle d'or
- Perle bleue
- Perle verte
- Perle noire
- Perle blanche
- Perle rouge

Pourquoi avons-nous besoin de l'aide de Jésus?
- Personne n'est assez intelligent pour retourner vers Dieu. ✋
- Personne ne peut donner assez pour retourner vers Dieu. ✋
- Personne n'est assez fort pour retourner vers Dieu. ✋
- Personne n'est assez bon pour retourner vers Dieu. ✋

—Jean 14:6–Jésus répondit: "Je suis le chemin de la vérité et de la vie. Nul ne va vers le Père à part à travers moi."

Faites des Disciples
Quelle est la première étape du plan de Jésus?
- Préparez vos coeurs
  - Allez en paires ✋
  - Allez là où Jésus est au travail ✋
  - Priez pour les dirigeants de la récolte ✋
  - Partez Humblement ✋
  - Comptez sur Dieu, pas sur l'argent ✋
  - Allez directement à l'endroit où Il appelle ✋

—Luc 10:2-4–Il leur dit: "La moisson est abondante, mais les ouvriers sont peu nombreux. Demandez au Seigneur de la moisson, par conséquent, d'envoyer des ouvriers dans sa moisson."

Débutez des Groupes
Quelle est la deuxième étape dans le plan de Jésus?
- Développez des amitiés ✋
  - Trouvez une personne de la paix
  - Mangez et buvez ce qu'ils vous donnent
  - N'allez pas de maison en maison

Quelle est la troisième étape dans le plan de Jésus?
- Partagez Les Bonnes ✋
  - Nouvelles Guérissez les malades
  - Proclamez l'Evangile

Quelle est la quatrième étape dans le plan de Jésus?
- Évaluez les résultats et ajustez vous ✋
  - Évaluez la façon dont ils réagissent
  - Partez s'ils ne réagissent pas

—Luc 10:9–Guérissez les malades qui sont là et leur dire, "Le royaume de Dieu est près de chez vous."

Où sont les quatre endroits Jésus a commandé aux croyants de démarrer des groupes?

−ACTES 1:8−
MAIS VOUS AUREZ LE POUVOIR, QUAND L'ESPRIT SAINT QUI DESCENDRA SUR VOUS, ET VOUS SEREZ MES TÉMOINS À JÉRUSALEM ET TOUTE LA JUDÉE ET LA SAMARIE, ET JUSQU'AUX EXTRÉMITÉS DE LA TERRE.

1. **Jérusalem**

   "Jésus dit à ses disciples de commencer des groupes dans la même ville où ils vivaient et dans le même groupe ethnique. Lorsque nous suivons son exemple, nous allons créer de nouveaux groupes et des églises dans les villes où nous vivons."

   - Dans la troisième colonne de votre plan de Jésus, écrivez le nom d'un lieu dans la ville où vous vivez qui a besoin d'un nouveau groupe ou d'une église. Écrivez une breve description de comment cela se passera.

2. **Judée**

   "Deuxièmement, Jésus dit à ses disciples de commencer des groupes dans la même région où ils vivaient. Jérusalem était un milieu urbain, tandis que la Judée était une région rurale d'Israël. Les personnes vivant en Judée étant du même groupe ethnique que les disciples. Suivant le commandement de Jésus, nous allons créer de nouveaux groupes et des églises dans les zones rurales où nous vivons."

- Dans la troisième colonne de votre plan de Jésus, écrire le nom d'un lieu dans la même région où vous vivez qui a besoin d'un nouveau groupe ou d'une église. Écrivez une breve description de comment cela se passera.

3. **Samarie**

"Troisièmement, Jésus a commandé à ses disciples de commencer des groupes dans une ville différente avec un autre groupe ethnique. Le peuple juif méprisait les gens qui vivaient dans la Samarie. En dépit de leurs préjugés, Jésus appela les disciples à partager les bonnes nouvelles et de commencer des groupes et des églises parmi les Samaritains. Nous suivons l'ordre de Jésus lorsque nous commençons des groupes ou des églises dans les villes proches de nous au sein d'un groupe ethnique différent."

- Dans la troisième colonne de votre plan de Jésus, écrivez le nom d'un lieu dans une ville différente avec un autre groupe ethnique qui a besoin d'un nouveau groupe ou d'une église. Écrivez une brève description de comment cela se passera.

4. **Extrême**

"Enfin, Jésus a commandé à ses disciples de démarrer des groupes à travers le monde et parmi tous les différents groupes ethniques sur la terre. Obéir à cette commande nécessite généralement de l'apprentissage d'une nouvelle langue et d'une nouvelle culture. Nous obéissons à ce commandement, lorsque nous envoyons des missionnaires de notre église pour créer de nouveaux groupes et des églises dans les lieux différents."

- Dans la troisième colonne de votre plan de Jésus, écrivez le nom d'un lieu dans une région différente avec un groupe ethnique différent qui a besoin d'un nouveau groupe ou d'une église. Écrivez une courte description à propos de comment ça va se passer.

Quelles Sont Les Quatre Façons De Démarrer un Groupe ou Une Église?

1. **Peter**

   –ACTES 10:9–
   LE LENDEMAIN, ALORS QUE LES MESSAGERS DE CORNEILLE APPROCHAIENT LA VILLE, PIERRE MONTA SUR LE TOIT PLAT POUR PRIER. IL ÉTAIT ENVIRON MIDI. (NLT)

   "Peter, pasteur de l'église de Jérusalem. Cornelius lui a demandé de venir à Joppa pour partager les bonnes nouvelles de Jésus-Christ. Lorsque Peter partaga avec la famille de Corneille", tout le monde a reçu le Christ, revint vers la famille de Dieu, et un nouveau groupe a commencé.

   Une façon de créer de nouveaux groupes ou des églises est pour le pasteur d'une église existante d'aller en voyage pour une mission à court terme et aider à créer un nouveau groupe ou une église. Ce type de devoir pour implanter une église nécessite généralement une à trois semaines."

   - Dans la quatrième colonne de votre plan de Jésus, écrivez le nom d'un pasteur que vous connaissez qui pourrait vous aider à créer un nouveau groupe ou une église. Écrivez une brève description de comment cela se passera.

2. **Paul**

   –Actes 13:02–
   Alors qu'ils étaient son ministère pour le Seigneur et le jeûne, le Saint-Esprit dit: "Mis à part pour moi Barnabas et Saul pour l'œuvre pour laquelle je les ai appelés." (NAS)

   "Paul et Barnabas étaient des dirigeants dans l'église d'Antioche. Dieu leur a parlé pendant une période de louange et les chargea d'aller dans des zones non desservies et de partager l'évangile. Dans l'obéissance, ils ont commencé des groupes et des églises dans tout l'Empire romain.

   La deuxième façon de démarrer des groupes ou des églises est d'envoyer les dirigeants vesr d'autres villes et régions de partager l'évangile. Ces missionnaires ont recueillit de nouveaux croyants et créer de nouveaux groupes ou des églises. Cette affectation sur une mission nécessite généralement un à trois mois."

   - Dans la quatrième colonne de votre plan de Jésus, écrivez le nom de dirigeants de l'église que vous connaissez qui pourraient aider à créer un nouveau groupe ou d'une église. Écrivez une brève description de comment cela se passera.

3. **Priscilla & Aquila**

   –I Corinthiens 16:19–
   Les églises dans la province d'Asie vous saluent. Aquilas et Priscille, vous saluent beaucoup dans le Seigneur, et le fait de l'église qui est dans leur maison.

"Priscille et Aquilas étaient des gens d'affaires dans l'église. Ils ont commencé un groupe ou une église où ils ont vécu et travaillé. Lorsque leur entreprise déménaga, ils ont commencé un nouveau groupe ou une église dans leur nouvel endroit.

La troisième façon de créer de nouveaux groupes ou des églises est pour les hommes d'affaires chrétiens de lancer des groupes qui deviennent des églises parmi leur clientèle. Si un entrepreneur chrétien se déplace dans un endroit où aucune église n'existe, ils commencent un groupe. Cette affectation vers une mission prend généralement un à trois ans."

- Dans la quatrième colonne de votre plan de Jésus, écrivez le nom de gens d'affaires que vous savez qui pourrait aider à créer un nouveau groupe ou une église. Écrivez une brève description de comment cela se passera.

4. **Persécutés**

   –ACTES 8:1–
   ET SAÜL ÉTAIT L'UN DES TÉMOINS, ET IL A ACCEPTÉ TOUT À FAIT AVEC LE MEURTRE DE STEPHEN. UNE GRANDE VAGUE DE PERSÉCUTION A COMMENCÉ CE JOUR-LÀ, BALAYANT L'ÉGLISE DE JÉRUSALEM, ET TOUT LES CROYANTS À L'EXCEPTION DES APÔTRES ONT ÉTÉ DISPERSÉS À TRAVERS LES RÉGIONS DE JUDÉE ET DE SAMARIE. (NLT)

   "Le dernier groupe de personnes qui ont commencé des groupes et des églises dans le livre des Actes ont été des croyants persécutés. Beaucoup de croyants ont fui Jérusalem lorsque Saül a commencé violemment à persécuter l'Église. Ils ont commencé des groupes et des églises dans toute la Judée et la Samarie. Nous savons que

c'est vrai, parce que les apôtres ont ensuite visité les églises déjà mises en place dans ces endroits.

La dernière façon de créer de nouveaux groupes et des églises est avec les croyants persécutés qui doivent déménager dans une nouvelle ville. Si aucun groupe ou une église existe, les croyants nouvellement arrivés vont en créer un. Commencer un groupe ou d'une église ne nécessite pas un degré d'un séminaire, juste de l'amour pour Jésus, et un cœur voulant obéir à Ses commandements.

- Dans la quatrième colonne de votre plan de Jésus, écrivez le nom des personnes déplacées que vous connaissez qui pourraient aider à créer un nouveau groupe ou d'une église. Écrivez une brève description de comment cela se passera.

Verset à Mémoriser

–ACTES 1:8–
MAIS VOUS RECEVREZ UNE PUISSANCE, LE SAINT-ESPRIT QUI VIENDRA SUR VOUS, ET VOUS SEREZ MES TÉMOINS À JÉRUSALEM, DANS TOUTE LA JUDÉE ET LA SAMARIE, ET JUSQU'AUX EXTRÉMITÉS DE LA TERRE ".

- Tout le monde se lève et dit le verset à mémoriser dix fois ensemble. Les six premières fois, ils peuvent utiliser leur Bible ou les notes des élèves. Les quatre dernières fois, ils disent le verset de mémoire. Dites le verset de référence avant de citer le verset à chaque fois et asseyez-vous lorsque vous avez terminé.
- Suivre cette routine va aider les formateurs à savoir quelles équipes ont terminé la leçon "Pratique".

Pratique

- Divisez les dirigeants en groupes de quatre. Demandez-leur d'utiliser le processus de formation avec la leçon de direction.
- guidez les dirigeants du processus de formation étape par étape, en leur donnant 7-8 minutes pour discuter de chacune des sections suivantes.

PROGRÈS

"Partagez les progrès que vous avez fait avec vos nouveaux groupes ou églises dans quatre lieux différents avec quatre différents types de démarreurs de groupe."

PROBLÈMES

"PartageZ les problèmes que vous rencontrez avec vos nouveaux groupes ou églises dans les quatre lieux différents avec les quatre différents types de démarreurs de groupe."

PLANS

"Partagez les deux tâches qui mèneront votre groupe à faire dans les 30 prochains jours qui les aideront à créer un nouveau groupe ou une église."

- Tout le monde prend note des plans des autres afin qu'ils puissent prier pour leurs partenaires plus tard.

PRATIQUE

"Partagez une tâche que vous ferez dans les 30 prochains jours pour vous aider à améliorer en tant que chef de file dans ce domaine."

- Tout le monde prend note de l'entraînement de leurs partenaires afin qu'ils puissent prier pour eux plus tard.
- Les dirigeants se lèvenet et disent le verset à mémoriser dix fois ensemble après tout le monde ait partagé la compétence qu'ils exercent.

PRIÈRE

- Passez du temps à prier pour les plans des autres et de la compétence, vous pratiquerez les 30 prochains jours afin leur habilité en tant que chef de file.

FIN

Combien est ce que ça coûte de commencer une nouvelle église?

"De quoi avez vous besoin pour commencer une nouvelle église? Faisons une liste."

- Rédigez une liste sur le tableau blanc alors que les élèves répondent à la question. Permettez une discussion et un débat. Par exemple, si quelqu'un dit "un bâtiment," posez au reste des étudiants, si un bâtiment est nécessaire de commencer une église.

"Maintenant que nous avons une liste des articles dont vous avez besoin pour démarrer une église, il faut mettre un prix pour chaque élément."

- Allez en bas de la liste en demandant aux élèves d'estimer le coût de chaque élément. Encouragez les élèves de discuter et de s'entendre sur un prix pour chaque ligne. En règle générale, le groupe va décider que ça ne coûte rien de commencer une nouvelle église, ou au moins assez d'argent pour acheter une Bible.

"Le but de cet exercice est de répondre à une erreur commune les gens commencent leur planification pour démarrer des églises. Ils pensent qu'il faut beaucoup d'argent pour démarrer une église. La plupart des églises, cependant, commencent dans des maisons et ne coûtent pas beaucoup. Même les grandes méga-églises d'aujourd'hui ont généralement commencé dans une maison. Foi, espoir et amour sont les éléments essentiels pour commencer une église, pas un gros compte en banque."

Mon Plan de Jésus

- Demandez aux dirigeants d'aller à la dernière page de leur guide du participant "Le plan de Jésus".

"Nous allons présenter nos plans de Jésus durant la prochaine session. Prenez quelques minutes pour compléter le plan de Jésus et vous pensez à comment vous allez le présenter au groupe. Lorsque vous avez terminé, passez quelque temps dans la prière en demandant la bénédiction de Dieu sur la prochaine session."

Une Autre Question Commune

Comment travaillez-vous avec les personnes analphabètes à des sessions de formation?

Suivez l'entraînement de Jésus utilise plusieurs outils pédagogiques qui aide les gens lettrés et analphabète à se souvenir de ce qu'ils ont appris. D'expérience, les deux groupes jouissent et profitent aussi bien de la formation. Nous mettons en évidence les mouvements de la main encore plus lors de la formation de personnes illettrées. Dans certaines cultures asiatiques, les femmes ne reçoivent aucun enseignement après leur troisième année. Après la formation d'un tel groupe de femmes, ils sont venus vers nous avec des larmes dans leurs yeux. "Merci," ils ont dit, "parce que les mouvements de la main nous ont aidé à apprendre, et nous pouvons maintenant suivre Jésus."

Même dans un cadre analphabète, habituellement, une personne peut lire pour le groupe. En règle générale, nous demandons à cette personne de lire les Ecritures à haute voix pour l'ensemble du groupe. Parfois, nous demandons au lecteur de dire les écritures 2 ou 3 fois pour s'assurer que le groupe comprenne. Si nous savons à l'avance que le groupe est principalement analphabète, nous nous organisons de produire un enregistrement vidéo ou audio de chaque session.

Télévision et radio influencent les analphabètes, même dans les villages lointains. Ne faites pas l'erreur de penser que vous avez à enseigner la leçon à plusieurs reprises pour les analphabètes. Si les élèves ne comprennent pas la leçon la première fois, formez les avec un délai supplémentaire, puis laissez leur un enregistrement ou une vidéo pour qu'ils se réexaminent lorsque vous n'êtes pas là. La plupart des endroits ont au moins un public DVD ou VCD disponible. Les lecteurs MP3 sont facilement accessibles et peuvent fonctionner sur piles.

Dieu continue à bénir de nombreux élèves après avoir quitté par le biais d'enregistrements vidéo et audio. Si avoir produit un enregistrement vidéo ou audio, s'il vous plaît envoyez une copie à *lanfam@FollowJesusTraining.com*.

10

Suivez Jésus

Les dirigeants ont appris dans l'*Entraînement de Dirigeants Radicaux* qui construit l'Église et pourquoi c'est important. Ils ont maîtrisé les cinq parties de la stratégie de Jésus pour atteindre le monde et pratiqué le coaching de l'un de l'autre. Ils comprennent les sept qualités d'un grand chef, et ont mis au point un "arbre d'entraînement" pour l'avenir, et de savoir comment travailler avec des personnalités différentes. Chaque chef de file dispose d'un plan basé sur le plan de Jésus dans Luc 10. "Suivez Jésus" s'occupe de la dernière partie de la direction qui reste: motivation.

Il y a deux mille ans, les gens suivaient Jésus pour des raisons diverses. Certains, comme Jacques et Jean, croient que suivre Jésus leur apporterait la gloire. D'autres, comme les pharisiens, Le suivaient pour le critiquer et de montrer leur supériorité. D'autres encore, comme Judas, ont suivi Jésus pour de l'argent. Une foule de cinq mille voulait suivre Jésus, car Il a fourni de la nourriture pour ceux qui en avaient besoin. Un autre groupe a suivi Jésus parce qu'ils avaient besoin de guérison, et une seule personne est revenue pour dire merci. Malheureusement, beaucoup de gens égoïstement suivent Jésus pour ce qu'Il pourrait leur donner.

Aujourd'hui n'est pas différent. En tant que dirigeants, nous devons nous interroger et nous demander: "Pourquoi suis-je Jésus?"

Jésus a fait l'éloge des gens qui le suivaient par amour. Le cadeau extravagant de parfum par une femme rejetée réalise la promesse du souvenir partout où les gens ont prêché l'évangile. L'obole de la veuve a touché le cœur de Jésus plus que tout l'or de son temple. Jésus a été déçu quand un jeune homme prometteur a refusé d'aimer Dieu de tout son cœur, choisissant ses richesses à la place. En outre, Jésus seul a posé à Pierre une question à lui rendre après sa trahison: "Simon, m'aimes-tu?" Les chefs spirituels aiment les gens et aiment Dieu.

La session s'arrête avec chaque chef de file partagent leur "Plan Jésus". Les chefs de file prient l'un pour l'autre, et coachent les nouveaux chefs de file pour l'amour et la gloire de Dieu.

ÉLOGE

- Chantez deux chansons d'éloge ensembles. Demandez au chef de file de prier pour cette session.

PROGRÈS

Bienvenue
    Qui construit l'Église?
    Pourquoi est-ce important?
    Comment est ce que Jésus a bâtit Son Église?
        Soyez Forts en Dieu ✋
        Partagez l'Evangile ✋
        Faites des disciples ✋
        Commencez des groupes et des églises ✋
        Développez des chefs de file ✋

—I Corinthiens 11:01—Soyez mes imitateurs, comme je suis aussi de Christ. (NAS)

Entraînez-vous comme Jésus

Comment est ce que Jésus a formé ses dirigeants?
- Progrès 🖐
- Problèmes 🖐
- Plans 🖐
- Pratique 🖐
- Prière 🖐

—Luc 6:40—Le disciple n'est pas plus que le maître, mais tout le monde qui est entièrement formé sera comme son maître. (HCSB)

Dirigez comme Jésus

Qui a dit que Jésus était le plus grand chef de file? 🖐

Quelles sont sept qualités d'un grand chef?
1. Les grands chefs de file Aiment les gens 🖐
2. Les grands chefs de file connaissent leur mission 🖐
3. Les grands chefs de file servent leurs disciples 🖐
4. Les grands chefs de file corrigent avec gentillesse 🖐
5. Les grands chefs de file connaissent les problèmes actuels dans leur groupe 🖐
6. Les grands chefs de file donnent un bon exemple à suivre 🖐
7. Les grands chefs de file savent qu'ils sont bénis 🖐

—John 13:14-15—Maintenant que moi, votre Seigneur et le Maître, vous ai lavé les pieds, vous aussi doivent se laver les pieds les uns. Je vous ai donné un exemple que vous devez faire comme je l'ai fait pour vous.

Devenez Fort

Quelle Personnalité Est ce Que Dieu Vous A Donné?
- Soldat
- Demandeur
- Berger
- Semeur
- Fils / fille
- Saint
- Serviteur
- Steward

Quel type de personnalité est ce que Dieu aime le plus?
Quel type de personnalité fait le meilleur chef de file?

> –Romains 12:04-5–Tout comme chacun de nous a un seul corps avec plusieurs membres, et ces membres n'ont pas tous la même fonction, donc dans le Christ, nous qui sommes plusieurs un seul corps, et chaque membre appartient à tous les autres.

Plus Forts Ensemble

Pourquoi Y a t'il Huit Types De Gens Dans Le Monde?
Comment est Jésus?
- Soldat
- Chercheur
- Berger
- Semeur
- Fils/Fille
- Sauveur/Saint
- Serviteur
- Intendant

Quels Sont Les Trois Choix Que L'on A Quand Il Y A Un Conflit?
- S'échapper
- Se battre
- Trouver un moyen par l'Esprit de Dieu de travailler ensemble

–Galates 2:20–J'ai été crucifié avec Christ, et il n'est plus moi qui vis, mais Christ vit en moi; (NAS)

Partagez l'Évangile

Comment puis-je partager le simple Évangile?
- Perle d'or
- Perle bleue
- Perle verte
- Perle noire
- Perle blanche
- Perle rouge

Pourquoi avons-nous besoin de l'aide de Jésus?
- Personne n'est assez intelligent pour retourner vers Dieu.
- Personne ne peut donner assez pour retourner vers Dieu.
- Personne n'est assez fort pour retourner vers Dieu.
- Personne n'est assez bon pour retourner vers Dieu.

–Jean 14:6–Jésus répondit: "Je suis le chemin de la vérité et de la vie. Nul ne va vers le Père à part à travers moi."

Faites des Disciples

Quelle est la première étape du plan de Jésus?
- Préparez vos coeurs
  - Allez en paires
  - Allez là où Jésus est au travail
  - Priez pour les dirigeants de la récolte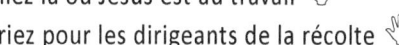
  - Partez Humblement
  - Comptez sur Dieu, pas sur l'argent
  - Allez directement à l'endroit où Il appelle

–Luc 10:2-4–Il leur dit: "La moisson est abondante, mais les ouvriers sont peu nombreux. Demandez au Seigneur de la moisson, par conséquent, d'envoyer des ouvriers dans sa moisson."

Débutez des Groupes
    Quelle est la deuxième étape dans le plan de Jésus?
        Développez des amitiés 🖐
        Trouvez une personne de la paix
        Mangez et buvez ce qu'ils vous donnent
        N'allez pas de maison en maison
    Quelle est la troisième étape dans le plan de Jésus?
        Partagez Les Bonnes Nouvelles 🖐
        Guérissez les malades
        Proclamez l'Evangile
    Quelle est la quatrième étape dans le plan de Jésus?
        Évaluez les résultats et ajustez vous 🖐
        Évaluez la façon dont ils réagissent
        Partez s'ils ne réagissent pas

    –Luc 10:9–Guérissez les malades qui sont là et leur dire, "Le royaume de Dieu est près de chez vous."

Commencer des Églises
    Où sont les quatre endroits Jésus a commandé aux croyants de démarrer des églises?
        Jérusalem
        Judée
        Samarie
        extrême
    Quelles sont les quatre façons de commencer une église?
        Peter
        Paul
        Priscilla & Aquila
        Persécutés
    Combien ça coûte de commencer une nouvelle église?

> –Actes 1:8–"Mais vous recevrez une puissance, le Saint-Esprit qui viendra sur vous, et vous serez mes témoins à Jérusalem, dans toute la Judée et la Samarie, et jusqu'aux extrémités de la terre."

PLAN

Pourquoi Suivez Vous Jésus?

"Quand Jésus parcouru cette terre il y a deux mille ans, les gens l'ont suivi pour des raisons différentes.

"Des gens comme Jacques et Jean croyaient que suivre Jésus leur apporterait la gloire."

> –MARC 10:35-37–
> JACQUES ET JEAN, LES DEUX FILS DE ZÉBÉDÉE, S'APPROCHÈRENT DE JÉSUS, EN DISANT: "QU'EST-CE" MAÎTRE, NOUS VOULIONS QUE VOUS FASIEZ POUR NOUS CE QUE NOUS DEMANDONS DE VOUS. "QUE VOULEZ - VOUS QUE JE FASSE POUR VOUS? "ILS LUI DIRENT," AUTORISE QUE L'ON S'ASSEOIRE L'UN À TA DROITE ET L'AUTRE SUR TAGAUCHE, DANS TA GLOIRE. "(NAS)

"Des gens comme les Pharisiens ont suivi Jésus pour montrer comment ils étaient intelligents."

> –LUC 11:53-54–
> COMME JÉSUS S'EN ALLAIT, LES PROFESSEURS DE DROIT RELIGIEUX ET LES PHARISIENS SONT DEVENUS HOSTILES ET ONT ESSAYÉ DE LE PROVOQUER AVEC DE NOMBREUSES QUESTIONS. ILS VOULAIENT LE PIÉGER

EN DISANT QUELQUE CHOSE QU'ILS POURRAIENT UTILISER CONTRE LUI. (NLT)

"Des gens comme Judas ont suivi Jésus pour de l'argent."

–JOHN 12:4-6–
MAIS UN DE SES DISCIPLES, JUDAS ISCARIOTE, QUI DEVINT PLUS TARD LE TRAITEUR, SE SONT OPPOSÉS, "POURQUOI CE PARFUM N'A PAS ÉTÉ VENDU ET ARGENT DONNÉ AUX PAUVRES? IL VALAIT LA PEINE UN AN DE SALAIRE "IL N'A PAS DIT CELA PARCE QU'IL SE SOUCIAIT DES PAUVRES, MAIS PARCE QU'IL ÉTAIT UN VOLEUR;. EN TANT QUE GARDIEN DU SAC DE L'ARGENT, IL AVAIT L'HABITUDE DE SE SERVIR DE CE QUI Y A ÉTÉ MIS.

"Les gens aiment la foule de cinq mille personnnes ont suivi Jésus pour la nourriture."

–JOHN 6:11-15–
ALORS JÉSUS PRIT LES PAINS, RENDIT DES GRÂCES, ET DISTRIBUA À CEUX QUI ÉTAIENT ASSIS AUTANT QU'ILS LE VOULAIENT. IL FIT DE MÊME AVEC LE POISSON. QUAND ILS AVAIENT TOUS EU ASSEZ À MANGER, IL DIT À SES DISCIPLES: "RAMASSEZ LES MORCEAUX QUI RESTENT. QUE RIEN NE SOIT PERDU. "ALORS, ILS LES A RASSEMBLÉS ET ILS REMPLIRENT DOUZE PANIERS AVEC LES MORCEAUX DES CINQ PAINS D'ORGE LAISSÉS PAR CEUX QUI AVAIENT MANGÉ. APRÈS QUE LES GENS ONT VU LE SIGNE MIRACULEUX QUE JÉSUS A FAIT, ILS ONT COMMENCÉ À DIRE: "CERTES, C'EST LE PROPHÈTE QUI DOIT VENIR DANS LE MONDE." JÉSUS, SACHANT QU'ILS AVAIENT L'INTENTION DE FAIRE VENIR LE ROI PAR LA FORCE, SE RETIRA DE NOUVEAU DANS UNE MONTAGNE PAR LUI-MÊME.

"Des gens comme les dix lépreux ont suivi Jésus pour la guérison."

—Luc 17:12-14—
Alors qu'il entrait dans un village, dix hommes atteints de la lèpre sont venus vers lui. Ils s'arrêtèrent à distance et crièrent: "Jésus, Maître, aie pitié de nous!" Jésus les regarda et dit: "Allez vous montrer aux prêtres." Sur leur chemin, ils furent guéris. (CEV)

"Comme vous pouvez le voir, beaucoup de gens ont suivi Jésus avec un cœur égoïste. Ils se souciaient peu de Jésus et plus de ce qu'il pourrait leur donner. Aujourd'hui n'est pas différent.

En tant que dirigeants, nous devons nous interroger et nous demander: "Pourquoi suis-je Jésus?

Êtes-vous la suite de Jésus afin de devenir célèbre?"

"Est ce que vous le suivez afin que vous puissiez montrer aux gens comment vous êtes intelligent?

Est ce que vous suivez Jésus pour de l'argent?

Est ce que vous le suivez pour fournir de la nourriture pour votre famille?

Est ce que vous suivez Jésus dans l'espoir qu'il va vous guérir?

Les gens suivent Jésus pour de nombreuses raisons. Dieu bénit une seule motivation, cependant. Jésus veut que les gens Le suivent d'un cœur d'amour.

Vous souvenez-vous de la femme pécheresse qui versa un parfum coûteux sur Jésus?"

–Matthieu 26:13–
"En vérité, je vous le dis, partout où sera proclamé l'Evangile dans le monde entier, cette femme a donné plus qu'eux tous" (NAS)

"Vous souvenez-vous de la pauvre veuve? Son offrande a touché le cœur plus pur que toutes les richesses du temple de Jésus."

–Luc 21:03–
"Je vous dis la vérité", dit Jésus, "cette pauvre veuve a donné plus que tout le reste d'entre eux." (NLT)

"Vous rappelez-vous de la question que Jésus a demandé à Pierre après qu'il l'a trahi?"

–Jean 21:17–
La troisième fois, il lui a dit "Simon, fils de John, m'aimes-tu?" Peter a été bénit parce que Jésus lui a demandé pour la troisième fois, "M'aimes tu?" Il a dit, "Seigneur, tu sais toutes choses, Tu sais que je t'aime." Jésus dit: "Pais mes brebis."

"Jésus interrogea Peter sur le sujet de l'amour dans son cœur, parce que c'est la question cruciale pour Jésus. est ce que nous le suivons parce que nous l'aimons?

Nous suivons Jésus avec un cœur plein d'amour parce qu'il nous a aimés. Nous grandissons avec Dieu parce que nous aimons Jésus. Nous partageons l'évangile parce que nous aimons Jésus. Nous faisons des disciples parce que nous aimons Jésus. Nous commençons des groupes qui deviennent églises parce que nous aimons Jésus. Nous formons des chefs spirituels parce que nous aimons Jésus. Seule la foi, l'espérance et l'amour restera jusqu'à ce que cette terre meure. Le plus important d'entre eux, cependant, c'est l'amour."

LES PRÉSENTATIONS DU PLAN DE JÉSUS

- Divisez les élèves en groupes d'environ huit personnes chacune. Expliquez le programme de présentation ci-dessous pour les chefs de file.
- Les chefs de file forment un cercle et à tour de rôle ils présentent leur "Plan de Jésus" au groupe. Après la présentation, les auters dirigeants mettent leur main sur le "Plan de Jésus" et de prier pour la puissance de Dieu et Sa bénédiction. Les dirigeants prient à haute voix en même temps pour les chefs de file qui ont présenté leur plan.
- Un des chefs de file ferme le temps de la prière en tant que fils de l'Esprit. À ce moment-là, la personne présentant son "Plan de Jésus" le tient prés du cœur et le groupe dit à trois reprises en unisson: "Prends ta croix et de suivre Jésus".
- Répétez les étapes décrites ci-dessus jusqu'à ce que chaque chef de file ait présenté son "Plan de Jésus."
- Après que chacun ait présenté son plan, les dirigeants se joignent à un groupe qui n'est pas terminé. Enfin, chaque groupe s'est joint à un autre jusqu'à ce qu'il n'y ait qu'un seul grand groupe.
- À la fin de l'emploi du temps de la formation en chantant une chanson culte de dévouement qui est significant pour les élèves du groupe.

Partie 3
RESSOURCES

Plus D'information

Nous considérons que les auteurs suivants sont utiles pour la formation des dirigeants radicaux. Le premier livre à traduire en travail missionnaire est la Bible. Ensuite, nous recommandons la traduction de ces sept livres ent ant que base solide pour le développement de direction efficace:

Blanchard, Ken et Hodges, Phil. *Dirigez comme Jésus: Leçons à partir du plus grand rôle modèle de tous les temps.* Thomas Nelson, 2006.

Clinton, J. Robert. *La Fabrication d'un chef.* NavPress Publishing Group, 1988.

Coleman, Robert E. *Le Masterplan de l'évangélisation.* Fleming H. Revell, 1970.

Hettinga, Jan D. *Suivez-moi: Vivez l'aimante direction de Jésus.* NavPress, 1996.

Maxwell, John C. *Développez le chef de file en vous.* Thomas Nelson Publishers, 1993.

Ogné, Steven L. et Nebel, Thomas P. *Augmentez le pouvoir des dirigeants par le biais des entraîneurs.* Ressources Churchsmart, 1995.

Sanders, J. Oswald. *Direction spirituelle: Principes d'excellence pour chaque croyant.* Les éditeurs Moody,

Annexe A

QUESTIONS SOUVENT POSÉES

Que dois-je faire si je ne peux pas terminer la leçon en une heure et demie?

Rappelez-vous que le processus et le contenu sont tout aussi importants. Après que le processus ait renforcé la confiance. Un contenu de qualité apporte l'éducation. Lecontenu du processus et de la qualité produisent une transformation. L'erreur la plus commune que nous avons remarqué dans d'autres formations est de donner trop d'information et pas assez de temps pour pratiquer.

La plupart des élèves de *Suivre l'entraînement de Jésus* ont une pause naturelle à mi-parcours de la leçon. Si vous pensez que vous n'avez pas assez de temps pour terminer la leçon, et apprendre la première moitié de la leçon après le processus de formation, et révisez le reste de la leçon la prochaine fois avez ce problème. Selon le niveau de l'éducation des gens vous vous entraînez, vous pouvez décider d'aller vers cette annexe tout le temps.

Notre objectif est d'aider les élèves adultes incluent le style de direction de Jésus dans chaque partie de leur vie. Cela prend du temps et de patience, mais cela vaut l'investissement.

À quoi est-ce qu'un mouvement de chef de file ressemble?

Dieu agit de façon significative dans toutes les nations. En fait, les chercheurs ont documenté plus de 80 mouvements de personnes. Si le partage de l'évangile pousse le "moteur" dans ces mouvements, puis les "roues" sont le développement de direction. En fait, c'est souvent difficile de dire si ils sont chefs de file, disciples, ou en commençant des églises. Quel que soit le nom, ils partagent tous une qualité: hommes, femmes, jeunes, et les enfants dans leurs sphères d'influence comme le Christ, le plus grand chef de tous les temps.

Les chaînes de direction caractérisent un mouvement de direction. De petits groupes d'hommes ou de femmes se rencontrent pour réviser leurs comptes, leur encadrement et leur apprentissage. Paul a parlé de ces sortes de chaînes dans 2 Timothée 2:2. Un chef de file reçoit de l'entraînement dans un groupe et donne un entraînement à un autre groupe. Les chaînes de direction s'élargissent en permanence à la sixième ou septième génération de mouvements entièrement développés. Toute organisation, ministère, ou groupe de personnes peuvent seulement aller aussi loin que leurs dirigeants peuvent les conduire. Par conséquent, le chef de file doit être intentionnellement cultivé parce que les dirigeants ne sont pas devenue tels quels quand ils sont nés. Les dirigeants doivent apprendre à diriger.

Dans un mouvement de direction, les adolescents apprennent davantage sur les outils de durection, la vision, l'objet, sa mission, et objectifs. Les hommes et les femmes dans la vingtaine commencent à appliquer ces outils dans leur vie professionnelle et personnelle. Les gens qui ont trente ans se concentrent sur les outils spécifiques des ministères ou des entreprises. Quand quelqu'un est dans la quarantaine, il ou elle commence à voir les fruits de l'application des outils de direction avec persévérance. Les gens dans la cinquantaine, qui ont suivi le style de ldirection de Jésus pendant une longue période, servent de modèles aux jeunes générations. Habituellement, les gens dans la soixantaine peuventt entraîner de nombreux jeunes hommes et femmes en tant que chefs de file. Les saints septuagénaires laissent un héritage de fidélité et de fécondité, même dans leur vieillesse.

De quelles façons le rôle d'un missionnaire à l'étranger a changé au fil du temps?

Tous les efforts mission comportent quatre phases: découverte, développement, déploiement, et la délégation. Chaque phase a des objectifs et des défis uniques. Chaque phase exige aussi un autre ensemble de compétences par les missionnaires.

La phase de *découverte* comprend l'identification des personnes non atteintes, l'envoi de missionnaires pionniers, et de gagnent du terrain dans une zone étant exclue. Le rôle du missionnaire est d'explorer, d'évangéliser, et de se connecter avec des intéressés nationaux. Le fruit de cette période est seulement de quelques églises. Toutefois, les églises ressemblent souvent à des églises dans le pays du groupe d'envoi plus que le pays d'accueil et de culture. Au cours de la phase de découverte, les missionnaires font quatre vingt pour cent du travail alors que les ressortissants contribuent vingt pour cent.

Les rares églises ouvertes dans la phase de découverte continuent de croître et de commencer d'autres églises, conduisant à une association d'églises dans la phase de développement. Les missionnaires dans ce réseau aident ensemble à construire des églises, d'évangéliser, et de commencer les efforts délibérés de disciples parmi les croyants. Une petite culture chrétienne commence à prendre racine dans le pays hôte. Au cours de la phase de développement, les missionnaires font soixante pour cent du travail alors que les ressortissants contribuent quarante pour cent.

La mission se déplace lors de la phase de *déploiement* lors de plusieurs associations d'églises forment une convention ou d'un réseau. Cette période commence généralement par une centaine de groupes ou églises et continue de prendre de l'élan. Le rôle du missionnaire est de s'assurer du développement d'une continue direction, d'aider les ressortissants résoudre les problèmes, et d'aider les ressortissants qui mettent en œuvre une stratégie visant à atteindre un groupe entier de personnes. Au cours de la phase de déploiement, les ressortissants font soixante pour cent du travail tandis que les missionnaires contribuent quarante pour cent.

La dernière phase de chaque mission est la *délégation*. Dans cette phase, les missionnaires confient le travail aux croyants nationaux. Les missionnaires retournent au travail pendant l'entraînement, la célébration et la collaboration. Pendant la phase de délégation, les ressortissants font 90 pour cent du travail tandis que les missionnaires contribuent dix pour cent. La phase de découverte recommence, mais cette fois dans la vie et de travail des croyants nationaux.

Les missionnaires étrangers doivent reconnaître qu'ils sont actuellement en phase de délégation dans la plupart des régions du monde. Le rôle principal d'un missionnaire aujourd'hui est le coaching, la formation, et d'aider les frères et soeurs nationaux à accomplir la mission que Dieu leur a donné. L'un des objectifs de *Suivre l'Entraînement de Jésus* est de fournir aux missionnaires des outils simples et reproductibles pour la phase de délégation.

Quelle est la "règle de 5?"

Simplement, une personne doit pratiquer une habileté cinq fois avant d'avoir la confiance nécessaire d'effectuer la compétence par eux-mêmes. Après une formation de près de 5000 personnes personnellement au cours des neuf dernières années, nous avons vu ce principe prouvé à maintes reprises.

Des séminaires de formation sont plein d'adultes intelligents et capables, mais le plus souvent peu de changements se produisent dans leur vie après le séminaire. Une réponse typique pour ce problème consiste à rendre le contenu plus intéressant, ou plus mémorable, ou (vous pouvez remplir le vide). Habituellement, le problème n'est pas le contenu, mais le fait que les gens ne l'ont pas fait suffisamment pratiqué pour faire partie de leur vie.

Pourquoi y a t'il tant de mouvements de main?

Les gens apprennent par ce qu'ils voient, ce qu'ils entendent, et ce qu'ils font. Les méthodes pédagogiques occidentales soulignent les premier et second types d'apprentissage (en particulier dans le format de conférences). Beaucoup de documents étudient la façon dont les petits élèves mémorisent seulement en parlant et en écoutant. Le troisième style d'apprentissage – kinesthésique – reste l'approche la plus négligée des autres formations. Nous avons trouvé que les mouvements de la main sont la meilleure façon d'enseigner à un groupe pour mémoriser une grande quantité d'informations. Les personnne qui peuvent lire et et les analphabètes peuvent vous raconter des histoires semblables lorsqu'ils sont combinés avec des mouvements d'action ou de la main.

Vous devriez savoir que nous n'avons pas utilisé de mouvements de la main lorsque nous avons commencé à entraîner les autres avec *Suivez l'Entraînement de Jésus*. Nous avons changé notre approche, cependant, lorsque nous avons modifié l'un des objectifs de formation, nous voulions que les élèves soient capables de répéter tout le séminaire de nouveau à la fin. La mémorisation est un ingrédient clé dans la plupart des paramètres d'apprentissage asiatiques. Maintenant, les gens peuvent répéter le séminaire entier de mémoire dans les dernières sessions parce qu'on utilise les mouvements de la main. Ils ne pouvaient pas le faire avant que nous commencions à les utiliser. Après quelques courtes leçons, les élèves bénéficient d'un apprentissage actif et sont étonnés qu'ils se souviennent de l'ensemble du séminaire à la fin.

Après que nous ayons commencé à utiliser des mouvements de main, nous avons remarqué une augmentation du nombre de dirigeants responsables de formation. La formation spirituelle implique plus qu'un simple d'esprit. Si le cœur reste inchangé alors aucune transformation n'aura lieu. L'utilisation de mouvements de la main permettent de faire évoluer ce que nous avons appris de la tête au cœur. C'est pourquoi nous enseignons aux enfants avec des mouvements de la main pour les aider à se rappeler des vérités importantes de la vie. Adultes, jeunes, et enfants peuvent apprendre dans un environnement multigénérationnel lorsque nous utilisons mouvements de la main. Personnellement, j'utilise régulièrement des mouvements de main durant mes prières pour rester concentré sur le cadre de la prière, je me concentre sur - la louange, le repentissement, la demande, ou l'arrêt.

Pourquoi est ce que les leçons sont si simples?

La principale raison pour laquelle les leçons sont si simples, c'est que nous suivons l'exemple de l'enseignement de Jésus d'une manière simple. Il a transformé ce qui est complexe en quelque chose de simple. Nous rendons ce qui est complexe simple. La préoccupation de Jésus, c'est le changement de vie, ne maîtrisant pas la "nouvelle vérité". Lorsque nous enseignons d'une manière simple, les enfants, les jeunes et les adultes peuvent apprendre les leçons de la communauté. Vous n'avez pas besoin d'une machine de mille dollars de suivi avec tous les cloches et de sifflets de vous dire où le "nord" est. Une boussole peu coûteuse fera l'affaire.

Le livre des Proverbes nous dit de rechercher la sagesse au-dessus de tout. La sagesse est la capacité d'appliquer les connaissances de la vie habilement et avec droiture. Nous avons remarqué que le plus un plan est complexe, plus il est susceptible d'échouer. Les pasteurs et les missionnaires à travers le monde ont des plans stratégiques de la mission qui ont eu des semaines ou des mois pour se développer. La plupart de ces plans sont sur une étagère quelque part. Certaines personnes soutiennent que le livre des Proverbes doit éviter d'être simple. Les proverbes, cependant, sont dit d'éviter d'être "simplet". Une sage personne effectue une tâche d'une manière que d'autres évitent

La bonne nouvelle c'est que suivre Jésus ne dépend pas de l'intellect d'une personne, ses talents, sa scolarisation, ses réalisations, ou de sa personnalité. Suivre Jésus dépend de la volonté d'une personne à obéir aux commandements de Jésus immédiatement, tout le temps, et vient d'un cœur d'amour. Un enseignement complexe crée des élèves qui ne sont pas en mesure d'appliquer cette leçon à leur vie quotidienne. Jésus commande aux croyants de faire des disciples, et leur apprendre à obéir à tous ses commandements. Nous croyons que les enseignants entravent l'obéissance des gens quand ils enseignent des leçons complexes que l'élève ne peut pas enseigner à une autre personne.

Quelles sont les erreurs les plus courantes que font les gens quand ils en former d'autres?

Les entraîneurs font des erreurs de formation dans trois domaines: les personnes, les processus et le contenu. Ayant reçu une formation et étant formé par de nombreuses personnes, nous offrons ces observations pour vous aider à renforcer vos compétences.

Chaque élève est à une session de formation avec des expériences antérieures, les connaissances et compétences. Les formateurs qui ne considèrent pas cela au début de la session courent le risque de la formation des élèves de faire quelque chose qu'ils savent déjà comment faire. Une question simple comme "Qu'est-ce que vous savez déjà sur ce sujet?" Aidez les formateurs de connaître le niveau approprié pour s'entraîner. Nous avons vu des formateurs, cependant, qui assument que les élèves savent plus que ce qu'ils savent. Des hypothèses non vérifiées reviennent toujours contre vous. La communication résout ce problème. Les gens ont des différents styles d'apprentissage et c'est une erreur de baser votre formation sur seulement un ou deux styles. Cela garantit que certains élèves ne bénéficieront pas de la leçon vu qu'ils pouvaient plannifier leurs leçons. Les gens ont aussi des besoins différents en fonction de leur personnalité. Un formation qui fait seulement appel aux extravertis exclut les introvertis. Se concentrer sur les gens centrés sur la "pensée" ne sont pas aussi efficaces que les leçons qui se concentrent sur se "sentir" aussi bien.

Le processus de formation est un autre domaine pour les enseignants de faire des erreurs. Une formation qui n'inclus aucune possibilité de discussion et se base uniquement sur l'expression orale n'est pas une formation, mais une présentation. La formation est un parcours qui implique toute personne dans la maîtrise d'une habilité, la qualité d'un caractère, ou de connaissances. Nous avons remarqué que les formateurs se concentrent tellement sur le contenu qu'ils ne donnent aux élèves la possibilité de parler avecce qu'ils ont appris. Le temps le plus riche pour l'entraînement d'adultes sont quand ils discutent de la leçon et l'appliquent à leur vie. Une autre erreur commune est d'utiliser les mêmes techniques d'entraînement tout au long du temps de formation. Toute technique de formation perd de son efficacité si elle est utilisée trop souvent. La dernière erreur consiste en des séances de formation de longue durée. En règle générale, nous essayons d'enseigner la leçon en un tiers de ce temps. Ensuite, nous demandons aux élèves de pratiquer la leçon pour un tiers de ce temps. Enfin, nous menons une discussion sur l'application de la leçon pendant le dernier tiers du temps. Lors d'une session 90 minutes, les élèves nous écoutent en général parler pendant vingt minutes.

En règle générale, la raison pour laquelle ces sessions de formation sont trop longues est que l'entraîneur partage trop le contenu - le dernier domaine où les formateurs font des erreurs. Un bon entraînement abordera les connaissances, le caractère, les compétences et la motivation. Si le formateur est d'origine occidentale, ils sera très probablement concentré sur la partie " connaissances ", en supposant que "savoir" produise le reste. Ils peuvent parler du caractère et de la motivation, mais rarement font face à la pratique des habilités. Le plus souvent, les nouveaux formateurs entraînés copeint la même méthode en s'inspirant d'eux. Cependant, pour qu'un réel changement prenne place dans la vie de l'élève, il est mieux de rompre avec le passé. Une excellente formation ne cherche pas à présenter seulement l'information. L'objectif est la transformation. Nous avons remarqué que les formateurs ne s'adaptent pas à leurs matériaux dans un nouvel endroit ou une nouvelle culture, ils s'attendent à ce que des agriculteurs de riz ruraux gèrent le contenu de la même manière que de jeunes professionnels urbains. Un manque de prière est la raison la plus courante de cette erreur.

La plus grosse erreur que les formateurs font, dans notre expérience, c'est qu'ils ne donnent pas aux élèves le temps dont ils ont besoin pour mettre en pratique ce qu'ils ont appris. Les formateurs font face à la tentation de considérer la formation comme une exception et pas un voyage continu. Un signe certain d'une "perspectives de l'événement", c'est l'attitude, "Nous les avons ici. Versons autant de connaissance en eux que nous pouvons. "Se concentrant plutôt que de donner aux élèves un processus biblique plutôt que d'en former d'autres prend un changement de paradigme. Les formateurs deviennent plus préoccupés par la personne qu'il va former, plutôt que l'élève seulement. Si vous vous retrouvez avec plus de contenu et pas de temps pour vous entraîner, vous pouvez être coupable de donner aux gens plus que des choses auxquelles ils ne peuvent raisonnablement obéir ou partager avec d'autres. Vous les placez vers l'échec, plutôt que vers le succès.

Que proposez-vous s'il n'y a pas de chefs de file à former?

Les chefs de file qui évoluent attirent des chefs de file qui évoluent. Lorsque vous vous engagez à suivre Jésus et Son style de direction, Dieu bénira et enverra les autres à marcher avec vous. Nous devons prendre la première étape vers la foi. Jésus vit en chaque croyant et désire que Son Royaume ne vienne et que Sa volonté soit faite. Seigneurie et direction travaillent ensemble. Rappelez-vous, nous n'avons pas parce que nous ne demandons pas. Priez pour que vos yeux pour voir les dirigeants Dieu en voie de développement. Priez pour un cœur d'acceptation et d'encouragement. Priez pour la perspective de Jésus sur la direction. Les pêcheurs font de bons apôtres.

Concentrez-vous sur les gens que Dieu vous a déjà donnés, vous, non pas sur les personnes que vous n'avez pas. Commencez à développer les personnes qui vous suivent dans des chefs de file plus forts. Toute personne conduit quelqu'un. Pères conduire leurs familles. Les mères conduisent leurs enfants. Chaque personne mène quelqu'un. Les hommes d'affaires menent leurs communautés. Les principes de direction enseignés dans *Suivre l'Entraînement de Jésus* peut être appliquée dans n'importe lequel de ces paramètres. Les gens se lèvent pour répondre à nos attentes. Traitez chaque personne comme si cette personne était déjà un chef de file et regardez ce que Dieu fait dans sa vie.

Songez à organiser un événement de formation de direction. Faites l'assemblée à travers des groupes de direction existants – le Lion's Club, la Chambre de commerce, conseils de village, ou directeur du trimestre. Utilisez ces outils de formation pour équiper les chefs d'entreprise avec les principes de direction du plus grand chef de file de tous les temps. Organisez un événement ne vous donnera pas la crédibilité dans la communauté, mais aussi à vous développer en tant que chef de file. Si votre groupe de personnes n'a pas de disciples de Jésus, entraînez vos chefs de file dans un groupe "cousin" de personnes, projetant une vision pour atteindre les exclus.

Quelles sont les premières étapes pour les dirigeants alors qu'ils commencent à former de nouveaux chefs de file?

Jésus a passé une soirée entière en prière devant son choix de dirigeants, vu que la prière est le meilleur endroit pour commencer. Priez pour les dirigeants grandissent de la récolte de mener la récolte. Alors que vous priez, rappelez-vous que Dieu regarde le cœur et l'homme regarde l'apparence. Cherchez la fidélité et le caractère dans les chefs de file potentiels. Trop souvent, nous nous concentrons sur les premières impressions de talents. Passez du temps dans la prière demandant à Dieu d'élever passionnés, des chefs spirituels.

Après avoir prié, commencez toujours par partager une vision des dirigeants en suivant l'exemple de Jésus en tant que chef de file. Priez avec les familles et les amis, demandant à Dieu de vous aider à devenir de meilleurs chefs de file ensemble. Demandez aux gens que Dieu apporte sur votre chemin si ils aimeraient apprendre à devenir des leaders plus forts. Constamment jeté la vision d'amis qui s'entraident devenir des leaders qui sont plus fructueux. Comme vous une vision pour le développement des leaders, notez les gens qui sont intéressés et enthousiasmés par ce que vous dites.

L'étape suivante consiste à demander à Dieu de vous montrer les dirigeants Il va vers le haut. N'essayez pas de les cueillir vous-même. Laissez-les "s'auto-séléctioner" par leur propre volonté de faire les tâches requises des dirigeants. Nous ne "nommons" pas les dirigeants, mais "accueillons" les dirigeants qui se montrent déjà fidèles. Trop souvent, ceux que nous aurions choisi en "dernier" sur notre liste de chefs de file potentiels, Dieu choisi en tant que "premier". Recherchez des gens insatisfaits du statu quo. Concentrez-vous sur les gens désireux d'apprendre et de suivre. Ne soyez pas déçu si le chef de file au niveau le plus haut d'une organisation montre peu d'intérêt.

Enfin, commencez à prendre des mesures dans l'accomplissement de votre plan de Jésus. Rien n'attire les chefs de file actuels et potentiels plus que de l'action. Les gens aiment faire partie d'une équipe gagnante. Vu que Dieu bénit votre plan de Jésus, Il va également envoyer des gens pour vous aider. Le plus souvent, Dieu vous enverra des membres de la famille, des amis, et de bons hommes d'affaires. Les dirigeants ont des adeptes. Lorsque vous suivez Jésus, il donnera aux autres une orientation claire qu'ils pourront également suivre. Quelqu'un doit commencer le voyage au sein de votre groupe de personnes. Faites en sorte que ce soit vous!

Quels sont les paramètres différents que les formateurs ont eu recours en utilisant la Formation de Chefs de file Radicaux?

Si vous n'avez qu'un seul jour, nous vous recommandons l'enseignement des leçons "Comment former les dirigeants de Jésus", "sept qualités d'un grand chef", et "huit rôles du Christ". Cela va équiper les chefs de fil pour acquérir les compétences, le caractère et la passion pour former les autres dirigeants. Quand ils vous demandent de revenir, d'enseigner le reste des leçons à remplir leurs connaissances et les compétences de direction, et de leur donner un bon plan stratégique à suivre. Cette approche fonctionne mieux dans les milieux où les gens sont occupés et ont peu de temps pour assister à des séances de formation.

Si vous ne pouvez vous rencontrer toutes les semaines ou toutes les deux semaines, nous vous recommandons l'enseignement du séminaire leçon par leçon. Les compétences renforcent mutuellement et dirigeants acquérir une base solide d'ici la fin de 10 ou 20 semaines. Encouragez les dirigeants à former de nouveaux dirigeants entre deux réunions avec les leçons que vous leur donnez. Cette approche fonctionne mieux lorsque les gens sont occupés mais capables de commettre un moment précis pour étudier chaque semaine. Demandez aux dirigeants de réviser quand ils manquent une classe à cause d'une maladie ou d'une circonstance imprévue.

Si vous avez trois jours, nous vous recommandons de suivre l'ordre de ce manuel. Accordez beaucoup de discussions et utiliser les temps de pause pour des tête-à-têtes avec les chefs de file. À la fin de chaque session, demandez aux dirigeants de répondre à la question suivante : "Qu'est-ce que Dieu vous a dit à propos de cette leçon ?" Permettez-leur de partager leurs réponses avec le groupe. Les adultes apprennent mieux en discutant et à aborder leurs problèmes ensemble. Vous pourrez également voir les besoins du groupe. Cette approche fonctionne mieux dans un séminaire ou des paramètres d'école biblique, avec des ministres à plein temps, et dans un milieu rural ou d'un village où les gens travaillent selon les saisons agricoles.

Annexe B

LISTES

Un Mois Avant La Formation

- *Enrôlez une équipe de prière*—Mobilisez une équipe de prière de douze personnes d'intercéder pour l'entraînement, avant et pendant la semaine de formation. Ceci est TRÈS important!
- *Enrôlez un apprenti*—Enrôlez un apprenti pour enseigner l'équipe ensemble, quelqu'un qui a déjà assisté à un *Entraînement de Chefs de file Radicaux*.
- *Invitez des participants*—Invitez les participants d'une manière culturellement sensible. Envoyez des lettres, des invitations, ou faites des appels téléphoniques. La meilleur taille pour le groupe de l'*Entraînement de Chefs de file Radicaux* est de 16-24 dirigeants. Avec l'aide de plusieurs apprentis, vous pouvez entraîner jusqu'à 50 dirigeants. Les sessions de l'*Entraînement des Chefs de file Radicaux* peuvent également être faits de manière efficace toutes les semaines avec un groupe de trois ou plusieurs dirigeants.
- *Confirmez les Logistiques*—Chargez vous du logement, des repas et du transport pour les dirigeants en fonction de leurs besoins.
- *Fixez un lieu de rencontre*—Organisez une salle de réunion avec deux tables pour les fournitures à l'arrière de la salle, les

chaises disposées en cercle pour les participants et beaucoup d'espace pour les activités d'apprentissage au cours des sessions. Si c'est plus convenable, organisez une natte sur le sol au lieu de chaises. Prévoyez de fournir deux heures de pause tous les jours avec du café, du thé et des collations.
- *Rassemblez du Matériel de formation*—Collectez des Bibles, un tableau blanc ou de grandes feuilles de papier, des notes des étudiants, des notes chef, marqueurs de couleur ou des crayons, des cahiers (comme ceux que les étudiants utilisent à l'école), des stylos ou des crayons, une balle Chinlone et un prix.
- *Organisez des moments d'Adoration*—Utilisez des chansonz ou un livre de chœur pour chaque participant. Trouvez une personne dans le groupe qui joue de la guitare et demandez lui de vous aider à diriger les moments d'adoration.

Après la Formation

- *Évaluez chaque partie de la formation avec votre apprenti*—Passez du temps à examiner et évaluer le temps de formation avec votre disciple. Créez une liste de points positifs et négatifs. Faites des plans pour améliorer la formation la prochaine fois que vous l'enseignez.
- *Connectez-vous avec des disciples potentiels pour aider les futures formations*—Contactez deux ou trois dirigeants qui ont montré un potentiel de direction au cours de la formation pour vous aider avec la formation avec l'*Entraînement de Chefs de file Radicaux* dans le futur.
- *Encouragez les participants de l'entraînement d'amener un ami pour les prochains participants de la Formation*—Encouragez les à revenir avec des partenaires du ministère, la prochaine fois qu'ils reviennent. Cela permettra d'accélérer le nombre de dirigeants qui entraînent d'autres chefs de file.

Annexe C

Notes Du Traducteur

L'auteur donne l'autorisation de traduire ce matériel de formation dans d'autres langues comme Dieu a dirigé. S'il vous plaît suivez les directives suivantes lors de la traduction Suivez l'Entraînement de Jésus matériel (FJT) :

- Avant de commencer le travail de traduction, nous vous recommandons d'entraîner d'autres personnes avec le matériel FJT plsuieurs fois. La traduction devrait insister sur la signification et ne pas être une traduction littérale, mot pour mot. Par exemple, si "Marcher par l'Esprit" est traduit par "vivons par l'Esprit" dans votre version de la Bible, utilisez l'expression "vivre selon l'Esprit" dans les matériaux FJT. Modifiez les mouvements de la main au besoin.
- La traduction doit être dans le langage commun et non pas "langage religieux" de votre peuple, autant que possible.
- Si vous citez des Écritures, utilisez une traduction de la Bible que la plupart des gens dans votre groupe vont comprendre. Si une seule traduction existe, et c'est difficile à comprendre, mettez à jour les termes dans les Écritures citées pour les rendre plus clairs.
- Utilisez un terme qui a un sens positif pour chacune des huit images du Christ. Souvent, l'équipe de formation

peut-être avoir besoin d'expérimenter avec le "bon terme" à plusieurs reprises avant de trouver la bonne.

- Traduisez "saint" par le terme de votre culture qui signifie une personne sainte. Si le mot utilisé pour décrire la sainteté de Jésus dans votre langue est le même que "Saint", il n'est pas nécessaire d'utiliser "Saint". Nous utilisons "Le Saint" dans ces matières, car "Saint" ne décrit pas complètement Jésus.
- "Serviteur" est parfois difficile à traduire dans un sens positif, mais il est important que vous le fassiez. Choisissez avec soin un terme qui communique une personne qui travaille dur, a un cœur humble et aime aider les autres. La plupart des cultures ont l'idée d'un "cœur de serviteur."
- Nous avons adapté plusieurs des sketches d'apprentissage pour l'Asie du Sud de George Patterson "Entraînez et Multipliez" séminaire. N'hésitez pas à les adapter à votre culture en utilisant des éléments et des idées familières à votre groupe de personnes.
- Nous aimerions entendre parler de votre travail et vous aider de n'importe quelle façon que nous le pouvons.
- Contactez-nous au *lanfam@FollowJesusTraining.com* pour collaborer et voir plus de gens suivnt Jesus!

Annexe D

Plus de Ressources

Vous pouvez accéder à plusieurs ressources en ligne qui vous aideront à entraîner les autres à suivre Jésus sur www.FollowJesusTraining.com.

Ces ressources comprennent:

1. *Articles et des idées sur la formation par l'auteur.*
2. *Des vidéos de tous les mouvements de la main dans la formation des chefs de file radicaux.*
3. *Traductions de l'entraînement de dirigeants radicaux. Les traductions varient en qualité, afin de vérifier avec un local croyant nationale avant de les utiliser.*

Contactez-nous sur *lanfam@FollowJesusTraining.com* pour plus d'informations sur les projets actuels et les événements d'entraînements.

www.ingramcontent.com/pod-product-compliance
Lightning Source LLC
Chambersburg PA
CBHW071458040426
42444CB00008B/1397